W0073171

Solltest du uns je begegnen und zufälligerweise dieses Buch dabei haben, dann ist das hier der Platz für das Autogramm, welches wir hier draufschreiben würden, oder für dein Foto mit uns, falls du überhaupt eins haben willst mit 2 Komischen :) Wir freuen uns jedenfalls auf dich!

Bibliografische Information der Deutschen Nationalbibliothek:
Die Deutsche Nationalbibliothek verzeichnet diese Publikation in der
Deutschen Nationalbibliografie; detaillierte bibliografische Daten sind
im Internet über http://d-nb.de abrufbar.

Für Fragen und Anregungen:
dieaussenseiter@rivaverlag.de

3. Auflage 2012
© 2012 by riva Verlag, ein Imprint der Münchner Verlagsgruppe GmbH,
Nymphenburger Straße 86
D-80636 München
Tel.: 089 651285-0
Fax: 089 652096

Redaktion: Matthias Teiting
Illustrationen und Fotos: Alexander Koslowski
Umschlaggestaltung: Dimitri Koslowski
Layout: Dimitri Koslowski
Satz: Carsten Klein
Druck: GGP Media GmbH, Pößneck
Printed in Germany

ISBN 978-3-86883-208-2
ISBN E-Book (PDF) 978-3-86413-143-1

Weitere Informationen zum Thema finden Sie unter:

www.rivaverlag.de

Gerne übersenden wir Ihnen unser aktuelles Verlagsprogramm.

ÜBERLEBEN
UNTER OPFERN

Dimitri und Alexander Koslowski
DieAussenseiter

INHALT

Liebe Leserin, lieber Leser! Wir freuen uns, dass du dich für unser Buch entschieden hast, und schwören auf Chuck Norris – du wirst diese Entscheidung nicht bereuen. Denn dieses Buch ist tatsächlich in der Lage, dein Leben zu retten! »Ein Buch ist in der Lage, mein Leben zu retten? Klingt logisch ... Nicht!", wirst du jetzt wahrscheinlich denken ... »Wie kann ein Buch überhaupt irgendein Leben retten? Was kommt als Nächstes? Ein Toaster, der für mich in die Schule oder arbeiten geht, ohne dass jemandem auffällt, dass er ein Toaster ist?" Wie ein Buch ein Leben retten kann, warum dein Leben gerettet werden muss, warum wir auf Chuck Norris schwören und warum Elefanten so groß sind? Die Antworten auf all diese Fragen findest du im Buch. Na ja, zumindest auf einige dieser Fragen. Wenn du dich allerdings gerade gefragt haben solltest, wer eigentlich Chuck Norris ist, dann solltest du dich erst mal eine Runde schämen, weil du die Legende nicht kennst.

Zurück zum Buch: Wir haben extra viele Bilder zu jedem Kapitel gemacht – für die ganz Faulen unter uns. Außerdem kannst du an einem Test teilnehmen, den wir freundlicherweise für dich zusammengestellt haben, damit du herausfinden kannst, wie groß die Gefahr für dein Leben derzeit ist. Wenn du die Fragen falsch beantwortest, kommst du höchstwahrscheinlich in die Hölle (wir verhandeln gerade mit dem Teufel um einen guten Preis für die Eintrittskarten!).

Diese Drohung solltest du aber nicht allzu ernst nehmen. Wir wollen ja schließlich dein Leben retten – darum haben wir überhaupt mit dem Schreiben angefangen. Solltest du irgendwelche Fehler in unserem Buch finden, darfst du sie gern behalten ... Wir Russen – wir nix Deutsch! Jedenfalls wünschen wir dir viel Spaß beim Lesen und eine Ziege, die deinen Namen rückwärts aussprechen kann! Wozu das gut sein soll? Frag nicht! Lies' einfach das Buch! Es beginnt in 3... 2... 1... Sekun... Okay, das Buch beginnt jetzt!

»Hab Spaß am Leben, egal in welcher
Verfassung du bist, egal ob du kaputt oder auf
180 bist, nimm die Geschenke des Lebens
wahr, sei dankbar für alles, was du besitzt, und
schenke anderen Menschen mit deinem
glücklichen Erscheinungsbild Mut!«

- DieAussenseiter

WER SIND

DieAussenseiter?!?

Bevor wir mit dem ganzen **BLABLA** beginnen, würden wir uns gern bei dir vorstellen (falls du uns noch nicht kennen solltest, wovon wir aber nicht ausgehen, nicht weil wir von uns selbst so überzeugt sind, sondern weil ... Tomate!) Mit »du« meinen wir natürlich dich, lieber Leser oder liebe Leserin. Wir werden dich durch das Buch begleiten und noch sehr oft versuchen, eine Konversation mit dir herzustellen, während du das hier alles liest, auch wenn uns bewusst ist, dass eine richtige Kommunikation durch ein Buch nicht wirklich funktionieren kann. Trotzdem möchten wir, dass du das Gefühl hast, dabei zu sein, als würden wir uns mit dir unterhalten! Wir sprechen von »uns«, da dieses Buch zwei Autoren hat ...

So! Jetzt kommt die Stelle, an der wir etwas über uns erzählen müssen, oder? O.K.! Wir sind zwei junge Männer ... (es folgen zwei nachdenkliche Blicke von unseren übertrieben angespannten Kanisterköpfen)... stolze Besitzer von 40 Pferden, 10 Hubschraubern und 70 heißen Sekretärinnen, mit denen wir selbstverständlich schon allen im Bett waren, sowie mit 3836 weiteren Frauen, an deren Namen wir uns nie erinnern werden ... Alles natürlich pro Kopf gerechnet. Gut, das mit den Pferden war etwas gelogen ... Es sind 39 Pferde! Das 40. Pferd ist ein Pony :) Ponys sind einfach toll, oder?

Wir hoffen, dass wir uns mit unseren 25 Jahren noch als »jung« bezeichnen·dürfen ... Solltest du aber der Meinung sein, uns lieber in die Kategorie »zwei alte Secondhandsocken, die man am liebsten unter dem Bett stehen lässt (stehen, weil sie so vergammelt sind und übel riechen)« zu befördern, dann bleibt diese Entscheidung natürlich dir überlassen! Denn wir leben in einem freien Land ... in einer Gesellschaft, in der eine unabhängige, nicht von den Massenmedien manipulierte und zu einem Brei aus Scheiße geformte Meinung wertvoller ist als Geld oder Immobilien auf Mallorca ... Wir reden von einem freien Geist, von Leuten, die von sich mit Stolz behaupten können, sie wären Denker! So ein Engagement möchten wir natürlich unterstützen und fördern ...

Was für uns noch ganz wichtig ist -> dass du die Ironie des eben Gesagten und von dem, was in diesem Buch noch alles gesagt wird, verstehst ... Wir wollen dich schließlich auf keinen Fall mit irgendwelchen ausgelutschten und emotionslosen und vor allem langweiligen Informationen belästigen, die dich langweilen ... Wir wollen dich unterhalten und hoffentlich zum Lachen oder vielleicht sogar zum Nachdenken bringen ... Das haben wir übrigens schon oft geschafft! Nimm das Buch nicht zu ernst und hab Spaß dabei! Und erwarte bitte keine ordentliche Struktur von diesem Buch, es wird ein Chaos der Gefühle und Gedanken und Emotionen und des ganzen anderen sentimentalen und lustigen Scheiß!

HERBERT SAGT:

Hallo, mein Name ist Herbert! Ich bin 27 Jahre alt und hatte seit 27 Jahren Sex ... nicht ... Auch ich habe dieses Buch gelesen ... mir vorlesen lassen! Mein Bruder David sagt, dass es ihm in den schwierigsten Situationen seines Lebens geholfen hat. Ghi Ghi, mein Bruder ist so ein Opfa ... xD

My Name is what? My Name is DIMA

Das Projekt »DieAussenseiter« gibt es mittlerweile schon seit drei Jahren, und unser Team ist von ursprünglich zwei Leuten (Dima und Sascha) auf drei gewachsen – Fabi gehört nun auch dazu. Aber ich erzähle jetzt erst mal ein bisschen was über mich. Mein bürgerlicher Name lautet Dimitri, wobei ich lieber Dima genannt werde, weil sich die vielen Is einfach scheiße anhören.

Eigentlich heiße ich Dmitrij, aber als ich mit meiner Familie 2004 nach Deutschland kam, hatte ich die Auswahl zwischen Dieter, Dietrich und Dimitri, weil kein normaler Mensch in Deutschland Dmitrij richtig aussprechen könnte. Ich wollte auf keinen Fall den gleichen Vornamen haben wie Dieter Bohlen, weil es nur einen Giganten geben kann und ich einen zu großen Respekt vor diesem Mann habe, um ihm seinen Job wegzunehmen. Und ich wollte natürlich auch kein Dietrich sein, weil ich nicht so gut im Schlösserknacken bin!

Ich bin noch frisch und topfit mit meinen zum Zeitpunkt der Buchveröffentlichung wahrscheinlich schon 26 Jahren. Meine Lebensphilosophie ist ziemlich simpel: Ich beschwere mich nicht über das Leben, weil ich es so cool finde, wie es ist. Der Stress gehört dazu, ich kranker Bastard hab ihn sogar ganz gern. Ich liebe meine Mitmenschen (Freunde und Familie) und halte alle Leute auf Distanz, die meiner Meinung nach für mich gefährlich werden könnten.

Ich weiß nicht genau, wie dieses Foto zustande gekommen ist. Jedenfalls hat der Fotograf aber dafür eine kassiert, dass er mich so scheiße angezogen und mir diesen bescheuerten Hasen in die Hand gedrückt hat.

Was wärst du lieber in deinem nächsten Leben, falls es überhaupt stattfinden sollte?

Der Erfinder der Steuergesetz-gebung (die meist gehasste Person im Universum nach Justin Bieber)

A

Eine Eintagsfliege (die Auswahl ist ziemlich cool, findest du nicht auch? Gern geschehen!)

Ich freue mich so auf morgen!

B

C

Bundeskanzler der BRD (Das hättest du wohl gerne, was?)

D

E.T. (The Extra-Terrestrial) Ein Außerirdischer, der keine Geschlechtsorgane hat.

Wir sind zwei Russlanddeutsche. Das hört sich für einige von euch wahrscheinlich etwas beängstigend an, aber keine Sorge, in der Realität sind wir gar nicht so gefährlich, wie man das für gewöhnlich von jemandem mit einem sogenannten »Migrationshintergrund« erwartet … Das ist alles Quatsch!

Wir sind der Meinung, dass sogar Pinguine gefährlicher sind als wir … Apropos Pinguine: Hast du dir schon mal die Frage gestellt, warum Pinguine sich immer in Gruppen bewegen? Mafia! Ganz eindeutig! Die Familie hält zusammen …

»Wir machen dir ein Angebot, das du nicht ablehnen kannst! Zwei Karten zum Konzert von tanzenden Pinguinen für 10.000 Euro …

Auf die Frage »Was ist normal?« antworten wir mit einer Gegenfrage, die viel tiefgründiger und bedeutsamer ist: »Aber wo ist der Tiger?«

»DieAussenseiter« ist schon seit Jahren einer der erfolgreichsten deutschen YouTube-Kanäle (was selbst gemachte Produktionen angeht) mit den meisten Abonnenten, den meisten Videoaufrufen und natürlich den besten Fans, denn ohne die Fans wäre das Ganze nie so groß geworden und wir hätten nie die Möglichkeit bekommen, ein eigenes Buch zu schreiben. Aber genug geschleimt!

Solltest du uns noch nicht kennen, kannst du entweder ganz primitiv auf YouTube gehen (YouTube sollte mittlerweile wirklich jedem bekannt sein, sogar unsere Oma kennt YouTube, und die ist schon 160 Jahre alt) und dort in der Suchleiste **DieAussenseiter** eingeben. Oder du gibst es voll modern und ganz direkt in die Adresszeile deines Browsers ein: **www.youtube.com/dieaussenseiter**. Anschließend kannst du dir ein genaueres Bild davon machen, mit was wir uns so beschäftigen und wie wir unsere langweiligen Nachmittage verbringen.

HERBERT SAGT:

Ich weiß, wie man am besten Pizza zubereitet ... Pass auf: Ich nehme ein Kissen und zünde es an! Ghi Ghi! Dann lege ich Pizza drauf und warte, bis das Haus verbrannt ist ... So schmeckt's mir! Ghi! Warte ... Irgendwas stimmt nicht! Warum habe ich noch mal das Haus angezündet?

My Name is what? My Name is SASCHA

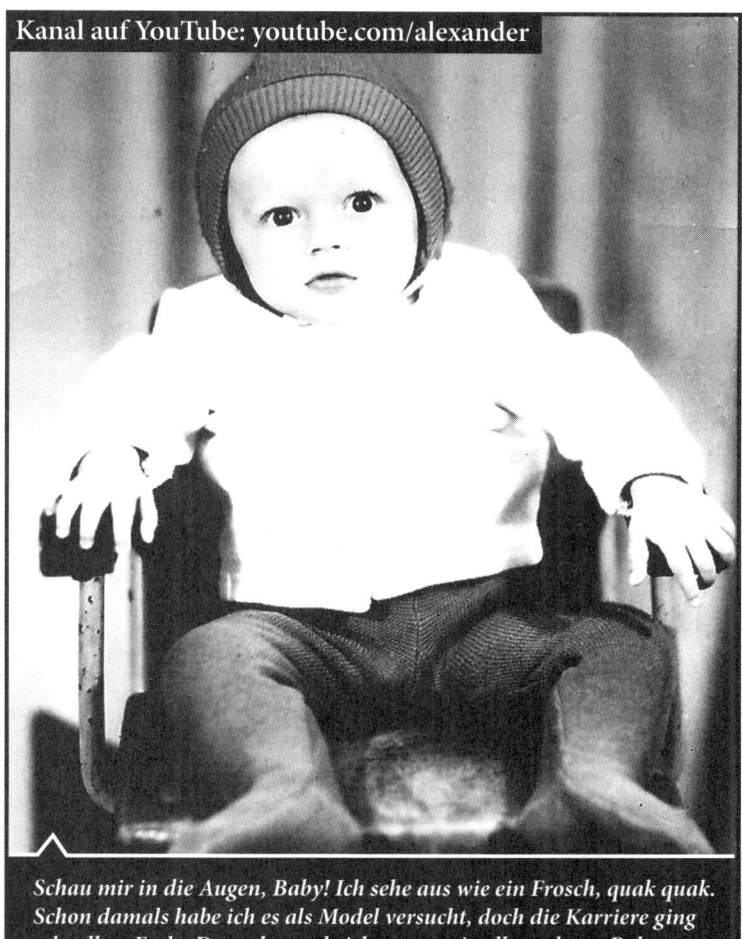

Kanal auf YouTube: youtube.com/alexander

Schau mir in die Augen, Baby! Ich sehe aus wie ein Frosch, quak quak. Schon damals habe ich es als Model versucht, doch die Karriere ging schnell zu Ende. Danach wurde ich genau wie alle anderen Babys zum Bergarbeiter. Normal

Ta-tu-ta-ta, Ra-ta-ta-ta, der Urknall ist da! Danach folgt ein kreatives Chaos und ähm ... ich suche gerade die erste Staffel von Dragonball, in der Son Goku noch ein kleiner Pisser ist und ihm ein süßes Schwänzchen wächst. Muss jetzt auf Ebay, deale nie mit einem Dealer! Doch zuerst schreibe ich diese unnötige Seite fertig und zeichne nebenbei eine verrückte Hexe, die dich verflucht.

Mein Name ist Alexander (Sascha) Koslowski. Du kannst mich auch mit Alex, Schatz oder Herr/Graf/König/Prinzessin/Dr./ Mr. Koslowski ansprechen. Dima und Sascha, hört sich an wie Tom & Jerry. Doch im Vergleich zu Tom & Jerry stellen wir uns nicht gegenseitig die Fallen, sondern versuchen gemeinsam für jede Falle und jedes Problem in unserem Leben einen Ausweg zu finden. Schlau was? Was in meinem Kopf so abgeht? Boah echt … schon voll nicht so … Voll nicht schlau eigentlich und so …

Ach, keine Ahnung! Ich liebe die Kunst und fühle mich oft angezogen von geheimnisvollen, verrückten oder tiefgründigen Mitmenschen, die es verdammt noch mal drauf haben, das Leben zu meistern, und dafür einen unendlichen Respekt verdienen. Menschen wie Eminem, Dalai-Lama, Quentin Tarantino, Graig Armstrong oder Serdar Somuncu sind für mich megakrasse Lebenskünstler. Oft entdecke ich auch im ganz normalen Alltag kleine und große Künstler – denn selbst so richtig Brötchenbacken oder Fliesenlegen kann ja nicht jeder.

Über meine Denkweise und Philosophie kannst du ein bisschen mehr in Filmen wie »Therapie« oder »Lost Dreams« erfahren (kostenlos und nur auf YouTube). Es gibt keine vergleichbaren und so dermaßen selbst gemachten Filme in Deutschland wie diese! Mein großes Herz und die sensible Seite habe ich meiner Mutter zu verdanken, Maria. Und meinen Humor meinem Alten, Chuck Norris! Der Rest hat sich durch euch ergeben, meine Lieben. *schleim*

EIN WICHTIGER HINWEIS:

Was du in unseren Videos siehst, ist natürlich nur Show. Wir sind nicht so verrückt, wie es einigen auf den ersten Blick vorkommen könnte. Die Charaktere sind gespielt und die Geschichten erfunden.

Manchmal werden wir auf der Straße erkannt und gefragt, ob wir auch privat so sind wie in den Videos. Die Antwort lautet: Nein! Wenn wir gerade kein Video aufnehmen, laufen wir nicht als Batman und Superman verkleidet durch die Gegend und schreien auch nicht mit hochgedrehter Stimme, dass wir uns in ein Mädchen verliebt haben. Jetzt werden wahrscheinlich viele enttäuscht sein :) Aber auch Affen sind nur Menschen, Leute!

Wie bereits erwähnt wurde, freuen wir uns krass für dich, dass du dich für dieses Buch entschieden hast. Egal ob aus eigener Überzeugung oder nur weil es die Franzi auch hatte. Die Hintergrundgeschichte spielt dabei eigentlich keine so große Rolle, denn in beiden Fällen war das eine super Wahl!

Wir haben leider keine Ahnung, was du von diesem Buch erwartest: ob das in deinen Augen eine bestimmte Form haben muss oder einen ordentlichen Schreibstil? Das ist unserer Meinung nach auch nicht so wichtig. Das Wichtigste ist, dass wir uns beim Schreiben unseres ersten Buchs (und das ist tatsächlich unser allererstes Buch, also bitte Anfängerbonus berücksichtigen :)) weniger auf die Form und die Richtigkeit und den Schreibstil konzentriert haben, sondern uns mehr um das Gefühl gekümmert haben, welches dem Leser (also dir) beim Lesen übermittelt werden soll … Das soll natürlich ein Gefühl der Freiheit sein … Gutes Beispiel dafür? Es ist, als würdest du wieder ins Bett pinkeln dürfen. War das ein gutes Beispiel? Vielleicht sogar ein Gefühl der Erleuchtung, der Erkenntnis, da man plötzlich beginnt, die Welt mit ganz anderen Augen zu sehen, nachdem man dieses Buch gelesen hat … Vielleicht übertreiben wir im Moment auch ein wenig. Aber nur minimal … Vielleicht aber auch nicht! Lass dich überraschen :D Nein, Spaß! O.K., es geht weiter …

Hey Leute, mein Name ist Kein Plan! HaHa! Ich schwöre euch, dieses Buch ist der krasseste Stoff, den ich je hatte! Wenn ihr versteht was ich meine … HaHaHa … Ich muss die ganze Zeit lachen, obwohl ich noch gar nicht angefangen habe, es zu lesen!

P.S.: Meine Mutter weiß nicht, dass ich kiffe! LoL

Möglicherweise hast du auch gar nichts von diesem Buch erwartet … Du bist einfach in den Buchladen rein, hast keinen Menschen angesehen, dich auf keine Konversation eingelassen, jeglichen Blickkontakt vermieden, Fliesen gezählt, das Buch aus dem Regal gezogen, Klatsch Klatsch Klatsch, die Treppe runter, an der Kasse bezahlt, anstatt mit der Kassiererin zu reden mit dem Boden geflirtet, runter in die U-Bahn, 17 Stationen, ganz schnell nach Hause, dich unter die Decke verkrochen, Taschenlampe an … »Und jetzt sehe ich mir diesen Mist mal an!

Hast du dich schon mal gefragt, wie unsere Träume entstehen, wenn wir schlafen? Wir träumen manchmal ganz schön wirres Zeug, welches im realen Leben nie passieren würde: Wir reden mit Tieren und können fliegen. Aber wie entstehen diese verrückten Dinge im Kopf?

Das ist bestimmt der letzte Scheiß, den sie hier wieder mal abgeliefert haben.« Sollte die Beschreibung auf dich zutreffen, möchten wir auch dich gern begrüßen! Hallo lieber Leser oder liebe Leserin! Auch Dir wünschen wir viel Spaß beim Lesen (in diesem Fall schreiben wir das »Dir« absichtlich groß, da wir unseren Respekt dir gegenüber zeigen wollen. Obwohl du uns nicht leiden kannst, hast du dein Geld für unser Buch ausgegeben, das verdient Respekt :)

Warum dieses Buch eine gute Wahl ist? Die Antwort auf diese Frage ist ganz einfach! Es hat ein Herz. Um genauer zu sein, sind es zwei Herzen (Dimas Herz und Saschas Herz), zwei so richtig fette Herzen mit ganz viel Liebe und Leidenschaft zu dem, was wir machen!

Es hat uns einen unglaublich großen Spaß gemacht, dieses Buch zu schreiben, und wir können dir versichern: Hier steckt mehr Liebe drin als in einem Porno! Lies' es auch mit Liebe und du wirst bestimmt Spaß daran haben. Wir werden dich mit »sinnvollen« Kommentaren von uns und unseren Figuren, die wir in den Videos spielen, begleiten. Das wird sicher lustig!

Alle Kinder haben Angst vor bösen, hässlichen Geistern, nur Felix nicht, denn er ist eine Katze ... und schreibt gerade diesen Text unter dem Bett und redet von sich in der dritten Person. Nein, echt jetzt! Ich bin Felix: »Miau, miau, miau!« Ach, leckt mich doch!

My Name is what? My Name is FABI

Kanal auf YouTube: youtube.com/gammlerplay

Ich mache auf YouTube LetsPlay-Videos. Dabei zocke ich irgendwelche Spiele und erzähle irgendwelche Geschichten. Außerdem sind Shisha-Tutorials und Kochvideos geplant, weil ich ein leidenschaftlicher Koch bin. Ich freue mich auf eine schöne Zeit mit euch!

Ich bin »erst« 22 Jahre alt! Das sage ich nur, weil die Jungs sich immer so alt machen, aber das ist Quatsch. Alles reine Kopfsache! Zum Beispiel gibt's doch Leute, die bei jedem kleinen Ding meckern und Trübsal blasen. »Oh, mein Kopf tut voll weh …«

Bla Bla Bla! Ja, klar tut der weh, aber wenn ich mir die ganze Zeit was einrede, dann wird's nur noch schlimmer. Also rede ich mir nichts Negatives ein, und das hält mich bei Laune!

Wie ich die Jungs getroffen habe? Alles hat bei meinem Nebenjob angefangen. Ich habe im Leergut gearbeitet vor ungefähr sechs Jahren. Dort habe ich Bekanntschaft mit Sascha gemacht, der in derselben Abteilung einen Job hatte. Und zwar habe ich irgendwann den Tag verwechselt und bin aus Versehen zwei Stunden zu früh gekommen. Ich hätte eigentlich bei einem Kumpel um die Ecke chillen können, aber ich habe zu Sascha gesagt: »Komm Junge, hau ab!« Er hat sich übertrieben gefreut – ich wusste erst gar nicht, warum. Eine Woche später hat er mir erzählt, dass seine beste Freundin im Krankenhaus lag und er sie nur hat besuchen können, weil ich für ihn die Schicht übernommen hatte. Und so hat unsere Freundschaft also angefangen: mit einem Gefallen.

Einige von euch wissen, wie gern ich zocke. Aber wenn Freunde oder Familie was brauchen oder unternehmen wollen, kann ich sogar auf das Spiel verzichten. Eine andere Leidenschaft von mir ist Shisha – »Nobody is perfect!«, solange man dazu steht. Ich bin immer ein »Draufgänger« gewesen und habe mein Leben gelebt, ohne mir groß Gedanken zu machen. Dann hatte ich vor ein paar Monaten einen Motorrad-Unfall. Dadurch habe ich gelernt, das Leben und meine Mitmenschen mehr zu schätzen. Ich kann nur eins sagen: »Das Leben kann kurz sein! Genieße es, solange du kannst.«

ABGEFUCKT?

ABGEFUCKT??

»**Abgefuckt**« (was in diesem Zusammenhang so viel bedeutet wie »einfach nicht schön«) heißt dieses Kapitel, weil es um unsere Sprache geht, für die wir uns gern entschuldigen würden …

Hallo, mein Name ist Boris! Wenn ich rede, hört es sich für die meisten Leute so an: »Hey BrüderR! LASS uns Paty maCHen bei DIE heiße Nachbarin! Da geht bestimmt DER Post ab! Zum FrUhstUck esse iCH ganz viel BRRot und Wodka!

Die deutsche Sprache ist eine schöne Sache, zumindest wenn sie akzentfrei gesprochen und fehlerfrei geschrieben wird, was bei uns leider nicht immer der Fall ist … Darüber darfst du natürlich gern lachen, ganz egal, ob mit uns oder über uns … Ja, komm, lach uns ruhig aus, bis du panische Schluckauf-Attacken bekommst … Hauptsache, du hast deinen Spaß! Du kannst auch gern über uns schimpfen, denn wir wissen selbst ganz genau, dass wir in dieser Hinsicht noch ziemlichen Nachholbedarf haben …

FRAGE 2:

Was würdest du auf eine einsame Insel mitnehmen?

Eine schöne Gratis-Internet-Flatrate, allerdings ohne Strom und PC! Reality Hits You Hard, Bro!

A

Zehn Kisten mit hochwertigem Sand. Natürlich original verpackt und mit fünf Jahren Garantie!

B

C

Eine fleischfressende Pflanze, die alle Volkslieder der Welt auswendig kann! Wie herrlich!

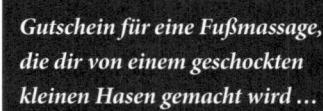

D

Gutschein für eine Fußmassage, die dir von einem geschockten kleinen Hasen gemacht wird ...

Die Erklärung für unsere kleine Schwäche ist ziemlich einfach und hoffentlich auch für dich einigermaßen nachvollziehbar. Wir sind nicht in Deutschland geboren, sondern erst später hergekommen, der eine im Alter von zehn und der andere mit siebzehn Jahren. Wir mussten uns die Sprache ganz langsam und schmerzhaft beibringen (Fernsehen bildet!).

Und in diesem unglaublich anstrengenden und blutsaugenden Beibringungsprozess (wir wissen – so ein Wort existiert überhaupt nicht, weil wir es erstens einfach wissen, und zweitens wurde es in unserem tollen Textbearbeitungsprogramm gerade rot markiert) entstand auch komischerweise dieser Akzent, den wir eigentlich gar nicht bestellt hatten, der dann aber einfach da war.

Anstatt vernünftiges Deutsch zu lernen, sind wir lieber feiern gegangen mit unseren Landsleuten. Da haben wir uns mit die Füße auf Bank gesetzt und uns auf Russisch mit reichlichem Gehalt an Schimpfwörtern unterhaltung! So viel zur Integration

Es gibt Leute, die finden unseren Akzent süß oder lustig. Wir finden ihn eher etwas traurig und bemitleidenswert, da man manchmal deswegen gar nicht so richtig in der Gesellschaft wahrgenommen und akzeptiert wird. Unser Satzaufbau wird dich manchmal auf die Palme bringen, aber wir hoffen, du kommst damit klar und hast keine Verständnisprobleme beim Lesen!

HERBERT SAGT:

Mein Bruder David ist schon wieder sauer auf mich! Ich wollte doch nur dieses Spiel installieren »Call of Mutti 4«, und dann habe ich irgendwas mit »Festplatte frittieren« geklickt und alles war weg! Davids ganze Pornos und so … Oops, das durfte ich nicht sagen … Ghi! Kennst du Saftbefehl?

DU BRAUCHST SCHUTZ!

Haben wir schon erwähnt, dass dies kein gewöhnliches Buch ist, das man kauft, einmal durchliest und dann irgendwo unter das Bett schiebt? Dahin, wo sich schon seit Jahren die leeren Joghurt-Behälter ansammeln und wo auch die toten Fliegen nicht mehr so schön aussehen? Nein, dies ist eigentlich gar kein richtiges Buch … Es ist eher ein Ratgeber … Was für eine Art Ratgeber? Nun ja … Wir, da wir so lieb und einfach der Hammer sind, möchten dir, da du so schwach und schutzlos bist, helfen! Inwiefern? Und warum brauchst du überhaupt Hilfe? Welche Gefahren musst du befürchten?

Mein Leben ist schön! Mein Leben ist schön! Ich höre nicht, dass gerade hinter meinem Rücken jemand verprügelt wird ... Nein, nein!

Wer ist der Mann mit dem Bart, der so schlau guckt? Zur Erklärung ist eine kleine Vorgeschichte notwendig. Also pass jetzt gut auf!

> **»Wenn jemand weiß, wo Hallschlag ist ... der weiß genau, wo das ist ...«** – *Cosimo*

Das Problem ist, dass du wahrscheinlich keinen Schimmer davon hast, dass du in einem System gefangen bist ... Ja, das hört sich zwar sehr klischeehaft an, Matrix und so, aber wir schwören bei Mama, es ist so! Und du wirst uns glauben, weil du das Buch gekauft hast ... also hattest du auch schon einen Verdacht, dass irgendwas nicht stimmt. Kann das sein? Aber mach dir keine Sorgen! Während du nichts ahnend dein »Leben« genossen hast oder besser gesagt: den dir vom System eingepflanzten Gedanken verfolgt hast, alles sei schön und gut, haben wir für dich eine wichtige Aufgabe erledigt. Wir haben für dich das »Leben« erforscht.

Das System »Leben« befindet sich derzeit in der Version 2.0.1.1 und zeichnet sich durch hohe Aggressivität und gieriges Verhalten der Nutzer aus. Es ist eins der gefährlichsten Systeme, die je existiert haben. Es werden Vermutungen aufgestellt, dass das System »Leben« noch vor der Version 2.0.1.3 von einem Virus zerstört werden wird. Die User nennen diesen Vorgang den »Weltuntergang« (manche haben sich sogar bei Facebook zu der Aftershowparty im Anschluss an den Weltuntergang angemeldet. Wir übrigens auch.).

Wisst ihr was? Ich kann es kaum abwarten, bis die ganze Erde draufgeht ... Hahahaha! Also na ja, eigentlich ist es schon irgendwie traurig zu sterben, aber wenn wir alle gemeinsam sterben, dann könnte es eine lustige Party geben ... Und es gäbe bestimmt ganz viele Süßigkeiten für umsonst. Hahaha! Ich liebe Süßigkeiten, ich weiß nicht wieso, aber ich kann nicht aufhören, sie zu fressen!

Wir haben eine Frage an dich: Wie hast du in diesem System bis jetzt überlebt und wie willst du weiter überleben? Richtig! Du hast keinen Plan, weil du dir noch nie Gedanken darüber gemacht hast. Wahrscheinlich hattest du bisher das Glück, dass dir noch nichts Schlimmes passiert ist ...Wir werden dir aus unserem Erfahrungsschatz heraus ein paar Ratschläge und wichtige Tipps geben, wie man in diesem gefährlichen System überleben kann.

Wir begleiten dich risikofrei von deiner Geburt bis zum 25. Lebensjahr. Warum nur so weit? Ganz einfach: Wir sind selbst erst 25 Jahre alt. Die Erfahrungen nach dem 25. Lebensjahr müssen auch wir noch machen. Falls du schon über 25 bist, musst du dir allerdings auch keine Sorge machen. Zieh den Mantel wieder aus, du musst das Buch nicht umtauschen. Wenn du es so weit geschafft hast, sollte dir nichts großartig Gefährliches mehr passieren ... Du bist gut unterwegs! Und du kannst diesen Ratgeber jetzt benutzen, um in die Vergangenheit zu reisen und deine Jugend noch mal zu erleben :)

Benutze diesen Ratgeber bitte mit Sorgfalt, Verständnis und Liebe. Außerdem kannst du ihn zum Beispiel als Untersteller für deine Spongebob-Tassen (wenn du cool bist, musst du sowas haben) benutzen, oder solltest du in einer Wüste stecken bleiben und alles, was du dabei hast, sollte ausgerechnet dieser Ratgeber sein, dann kannst du die einzelnen Seiten auch als Toilettenpapier benutzen. Dabei fällt uns ein, dass man, wenn man schon in so einer Situation ist, größere Sorgen hat als Toilettenpapier: Fußball oder Frauen zum Beispiel … Wichtige Dinge aus der Sicht der Frauen? Keine Ahnung: Schuhe, Handy, überdimensional große Taschen? :D

Außerdem kannst du unser Buch auch essen … Das Papier sollte angeblich gut schmecken, wenn man nichts anderes zu essen hat … Dafür übernehmen wir aber keine Haftung! Das war nur ein Gerücht, das wir von jemandem gehört haben, der es von jemand anderem gehört hat, der jetzt wahrscheinlich schon tot ist oder nie wirklich existiert hat …

FRAGE 3:

Welcher Superheld wärst du lieber?

Der Gurken-Mann! Er ist ein starker Mann und eine Gurke! Seine Superkraft ist: Gurke!

A

Ein depressiver Supermensch, der nicht damit klarkommt, dass er so super ist.

B

C

Super-Müllmann! Er bringt den Dreck, den man weggeschmissen hat, zurück nach Hause!

D

Die Super-Oma: Sie hat vor keinem gefährlichen Bastard dieser Welt Angst!

P.S.: Sollte uns etwas zustoßen, weil wir in diesem Ratgeber gesagt haben, was nie gesagt werden durfte ... wobei es ja eigentlich nicht gesagt wird, sondern es wird erst getippt, dann gespeichert, dann abgeschickt, korrigiert, freigegeben, auf Papier gedruckt, verkauft, gekauft und dann steht etwas da und es zählt im Endeffekt genauso, wie wenn man es gesagt hätte (dieser Satz war echt komisch). Also sollte uns etwas passieren, weil du weißt schon wieso ... dann wollen wir, dass du eins weißt! Etwas ganz Wichtiges ... Majo schmeckt eh besser!

KAPITEL 1:
ÜBERLEBEN IM BAUCH!

Hast du schon mal darüber nachgedacht, dass das, was du »dein Leben« nennst, eigentlich schon dein zweites Leben ist? Um es genauer zu sagen, könnte man den vorherigen Satz auch einfach umdrehen: Dein jetziges Leben ist nicht dein erstes … Das erste Leben hast du nämlich im Bauch deiner Mutter verbracht! Warum das ein anderes Leben war? Denk doch mal nach! Du hast in einer Flüssigkeit gelebt, jetzt kannst du das nicht mehr!

Sobald eine Frau bei der Schwangerschaft einen Bauch bekommt, verschwinden auch die Komplimente darüber, wie toll sie aussieht und wie schön es ist, dass es sie gibt und so … Ab jetzt heißt es nur noch: »Hey Kleine, dein Bauch wird ja immer größer. Pass auf, dass du nicht eines Tages einen Kran brauchst, um aus dem Bett zu kommen!« Sind Männer nicht toll?

Du hast dich durch einen Schlauch ernährt, und auch das kannst du jetzt nicht mehr (Es sei denn, du bist ein Student und stehst auf exotische Alkohol-Mischungen, die zum Studentenleben so dazu gehören). Kannst du dich noch an die Zeit im Bauch erinnern? Nein! Aber du weißt, dass du dort gewesen bist. Deswegen ist es auch ein anderes Leben gewesen, eine andere Existenzform. Kannst du uns folgen?

Als wir noch in Mamas Bauch waren, haben wir nicht gewusst, dass eines Tages unser Leben von Smartphones und Internet abhängen würde. Das war eigentlich ganz cool so, wir waren glücklich. Heute können wir uns unser Leben ohne diese Dinge nicht mehr vorstellen ...

Noch kannst du lachen, du kleines, wie ein Überraschungsei aussehendes Wesen. Doch schon sehr bald ist dein Urlaub vorbei!

Wir helfen dir kurz, dich an dein »Bauchleben« zu erinnern: Am Anfang ist es ganz toll da ... schön bequem, guter Service, gute Raumtemperatur, gute Wetterverhältnisse, das Haar hält – auch wenn es noch gar nicht vorhanden ist – es ist einfach alles perfekt (wie in einem Twilight-Film). Du gammelst vor dich hin und machst dir keine Sorgen, und alles ist schön wie bei dieser übertrieben unrealistischen Serie »Eine himmlische Familie«, in der sie jedes verkackte Problem gemeinsam besprechen und lösen.

Doch eines Tages wird es etwas eng in der Bude, und wer keine Miete zahlt, muss raus! Damit bist natürlich du gemeint, du kleiner Schmarotzer! In der Regel wirst du spätestens nach neun Monaten rausgeschmissen … Weil es draußen nicht mehr so schön sein wird, willst du natürlich so lange wie möglich drinbleiben, aber daraus wird nichts. Mach dir deshalb aber nicht in die Hose, wir geben dir ein paar Überlebenstipps für die Zeit im Bauch!

TIPPS ZUM ÜBERLEBEN IM BAUCH:

- Sei stolz, dass du es geschafft hast – und nicht die anderen paar Tausend Sperma-Idioten, die dich verfolgt haben. Das bedeutet, du bist stark und etwas ganz Besonderes!

- Pass auf die Nabelschnur auf, die ist dein einziger Kontakt zur Außenwelt. Und die Außenwelt ist immerhin dein nächstes Ziel.

- Bereite dich auf die Welt vor, die dich draußen erwartet, dort musst du stark sein. Am besten du machst schon mal ein paar Liegestützen!

- Bete dafür, dass du keinen bescheuerten Vornamen bekommst, das könnte dein ganzes Leben urinieren (ähm … wir meinen natürlich »ruinieren«).

- Bleib cool, wenn du rauskommst, denn der erste Eindruck zählt. Mach dich hübsch! Wir haben es z. B. verkackt …

- Hinterlasse keinen Müll, wenn du die Räumlichkeit verlässt (damit ist natürlich der Bauch deiner Mutter gemeint). Guck dich um, ob du nicht etwas Wichtiges liegen gelassen hast.

Weißt du, warum Babys so laut weinen, wenn sie auf die Welt kommen? Na, weil diese geile, friedliche Zeit im Bauch der Mutter nun ein Ende hat. Wer verzichtet schon freiwillig auf einen solchen Luxus? Man hatte sich ja in diesen neun Monaten daran gewöhnt, verwöhnt zu werden (was für ein schönes

Meine Eltern dachten, dass sie ein Mädchen bekommen ... Und dann kam ich :D Nein, ich habe mir nicht deswegen diese Frisur gemacht, Digga!

Wortspiel), nach Wunsch zu trinken und zu essen, zu schlafen und so weiter …

Im Mutterbauch gab es niemanden, der unbedingt mit seinem neuen Auto angeben musste oder eine Eins plus in Mathe hat anstatt einer Drei minus. Niemand wollte dir für 3.000 Euro einen Staubsauger andrehen, der angeblich nicht nur staubsaugen, sondern auch Kaffee kochen und deine Frau befriedigen kann. Niemand hat dir gesagt, was du zu tun und wie du auszusehen hast. In drei Worten: Man hatte einfach seine verschissene Ruhe. Waren das jetzt drei Worte? Mathe ist ätzend!

Als ich noch ein kleiner Junge war, kam ein Kollege von meinem Dad uns besuchen. Er hatte so einen unheimlichen Schnauzer, der sich wie ein Würstchen hin und her bewegte. Das hat mir Angst gemacht, manchmal träume ich noch heute von diesem grausamen Bart. Dann wach ich auf und kann nicht mehr schlafen.

Die Geburt ist übrigens der sogenannte Übergang (wir können es auch »Das Portal« nennen, das hört sich irgendwie cool an). Durch das Portal gelangst du in dein zweites Leben, das etwas länger sein wird als das erste. Und eins musst du nun unbedingt wissen: In dieser neuen Welt bist du nicht allein, und das ist dein Problem! Menschen haben die Eigenschaft, sich gegenseitig das Leben schwer zu machen. In deinem ersten Leben warst du allein und hattest deinen Frieden. Ab jetzt musst du gut aufpassen …

Du musst lernen, wie andere Menschen funktionieren. Beobachte sie deshalb ganz genau, mach dir Notizen, und wenn es notwendig ist, tue so, als würdest du dazugehören … So gewinnst du ihr Vertrauen! Vergiss nicht, was dein Ziel ist: Überleben! Und wenn du nicht vorzeitig aus dem Spiel rausgeschmissen werden willst, musst du mitspielen! Also kneif deine verwöhnten Backen zusammen und pass gut auf, sonst bist du schneller Geschichte als die DSDS-Gewinner!

TIPPS ZUM ÜBERLEBEN BEI DER GEBURT:

- Check die Lage ab, sobald du draußen bist! Das Essen hat anfangs die höchste Priorität, du bist noch klein und musst wachsen.

- Merk dir das Gesicht deiner Mutter, sie ist deine einzige Nahrungsquelle, sie gibt dir zu essen und beschützt dich.

- Check dein unteres Teil ab, du weißt schon ... Bist du eine »Sie« oder ein »Er«? Das ist wichtig! Als »Sie« hast du später möglicherweise deutlich mehr Vorteile als ein »Er«!

- Schieb keine Panik, wenn du nicht zufrieden bist mit dem, was du unten entdeckt hast ... Es gibt bestimmt eine Lösung.

- Nach der Geburt ist deine Stimme deine einzige Waffe. Setz sie richtig ein! Bringe es den Erwachsenen bei, an der Frequenz deiner Schreie zu erkennen, was du haben willst!

HERBERT SAGT:

Als ich geboren wurde, sagte meine Mama: »Das sieht nicht aus wie ein Mädchen!« Ghi, die ist witzig ... xD ... Eigentlich wollte sie ein Mädchen, und ich wollte ein Eis, aber mein Bruder ist irgendwie sauer auf mich, nur weil ich aus Versehen unser Haus abgefackelt habe ...
Ich wollte doch nur Pizza ...

- Erwarte nicht, dass du etwas Leckeres zu Essen bekommst. Erwachsene haben eine ganz kranke Vorstellung davon, was den Kindern schmeckt. Selbst essen sie den Brei ja nicht …

- Vergiss nicht, du bist niedlich. Was das bedeutet? Du kannst noch kein Gangster sein! Es gibt keine niedlichen Gangster.

- Vernachlässige die Beziehung zu deinem Vater nicht! Auch er ist wichtig. Später ist er eine gute Geldquelle! Tue so, als würdest du auch ihn mögen! Das wird sich mit der Zeit auszahlen!

Ich habe mit 11-14 Jahren Gitarre gespielt. Das Problem war nur, dass die Gitarre größer war als ich selbst, und als wir Auftritte hatten, schrien die Leute aus dem Publikum »Guckt mal – die Gitarre spielt von alleine!« Man hat mich hinter dem Ding gar nicht gesehen :D

KAPITEL 3:
DIE NERVENSÄGEN!

Die Zeit nach der Geburt ist die schwerste Zeit deines Lebens – jetzt beginnt das Überlebenstraining. Du musst tapfer sein! Deine ersten Gedanken sind, auch wenn du es in diesem Moment gar nicht realisieren kannst: »Wo bin ich? Was geht? Wer sind eigentlich diese Leute, die mich so seltsam ansehen und so streng aus dem Mund riechen?« Deine ersten Klamotten sehen echt scheiße aus, damit musst du zunächst mal klarkommen. So kommst du jedenfalls in keine Disko rein, wobei du das Verlangen danach ohnehin erst mit vierzehn Jahren verspüren wirst (oder wie wir – gar nicht), also kannst du beruhigt sein!

Und was auf dich noch zukommt, und das ist wirklich grausam, sind cirka fünfzig bis hundert Verwandte und Freunde der Familie, die auf der Knuddel-Jagd nach kleinen Babys wie dir sind, weil sie die so niedlich und süüüß finden (das »süß« musste in diesem Fall so lang gezogen werden, es ging einfach nicht anders …).

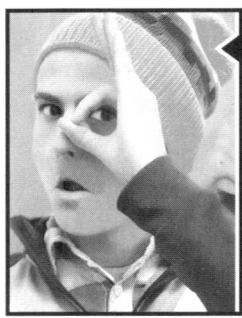

Ich hatte damals eine geniale Taktik, Kontakt mit Nervensägen zu vermeiden. Ich war schon 5-6 Jahre alt, ich war ein etwas pummeliges Kind, was die Erwachsenen als sehr süß empfanden und mich deshalb ständig genervt haben. Immer, wenn ich etwas gefragt worden bin, habe ich so getan, als würde ich nichts verstehen, obwohl ich natürlich alles verstanden habe. »Nix verstehen diese – andere diese!« War das ein Spaß!

Wenn Erwachsene ein Baby sehen, können sie sich nicht mehr kontrollieren und behnehmen sich sehr eigenartig. Sie sprechen dann eine etwas deformierte Sprache, die sie als Babysprache bezeichnen: »Uti tü tü.« Das Lustige an dieser Sprache ist, dass sie einfach keiner der Beteiligten versteht – weder die Erwachsenen selbst noch die Kinder.

Manchmal werden Jungs und Mädchen in jungen Jahren verwechselt. »Was für ein süßes Mädchen Sie haben!« Das ist übrigens uns beiden auch passiert, als wir kleine Kids waren. Das war vielleicht bitter. Wehe, du lachst uns jetzt aus! Dann … passiert nichts. Gut, dass man in diesem Alter schon anfängt, das Gute vom Bösen zu unterscheiden. Später haben wir zu schreiben gelernt und alle diese Leute auf unsere Schwarze Liste gesetzt.

Mein Leben ist so scheiße! Kauf doch wenigstens diese elektronische Maus, kleiner Junge, damit ich mich heute Abend ordentlich betrinken kann!

Als Kinder haben wir uns gefragt, warum Clowns immer so glücklich sind. Heute wissen wir, dass es an dem vielen Alkohol liegt!

FRAGE 4:

Welchen Beruf hättest du gern?

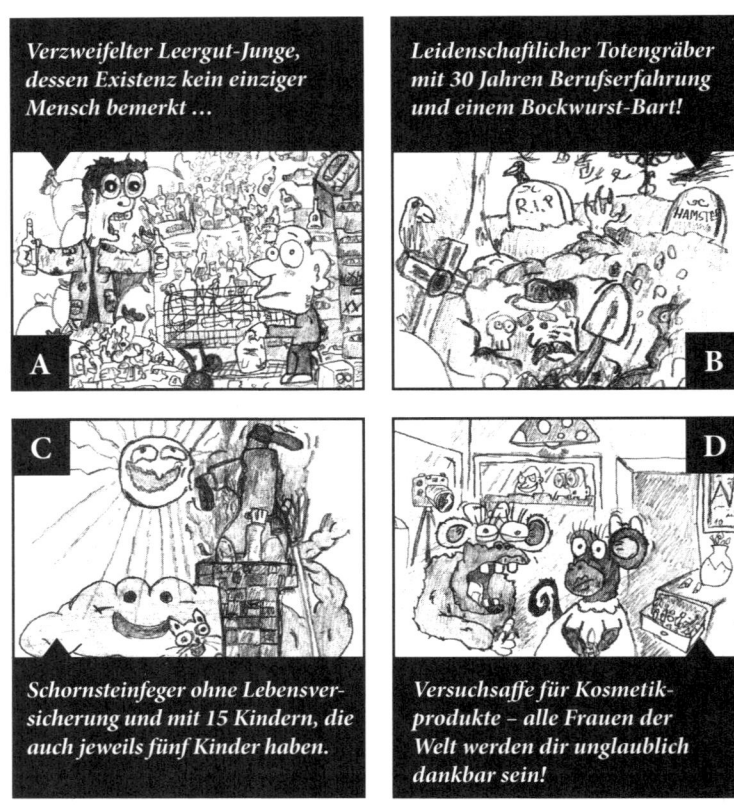

Verzweifelter Leergut-Junge, dessen Existenz kein einziger Mensch bemerkt ...

A

Leidenschaftlicher Totengräber mit 30 Jahren Berufserfahrung und einem Bockwurst-Bart!

B

C

Schornsteinfeger ohne Lebensversicherung und mit 15 Kindern, die auch jeweils fünf Kinder haben.

D

Versuchsaffe für Kosmetikprodukte – alle Frauen der Welt werden dir unglaublich dankbar sein!

Du kannst dich doch bestimmt an ein paar Momente aus deiner Kindheit erinnern, oder? Wir sind uns sicher, es wird wenigstens einen Punkt geben, bei dem du sagst : »Ja Mann, das war echt krass!« Was ist wichtig zum Überleben in diesem

Lebensabschnitt? (Einige dieser Tipps kann man auch als Erwachsener anwenden, wenn man die Nähe einer bestimmten Person vermeiden will.)

TIPPS ZUM ÜBERLEBEN DER NERVENSÄGEN:

- Vermeide jeglichen Augenkontakt, das zieht diese schleimigen Ungeheuer nur an. Sie wollen dich anfassen, umarmen und an ihre verschwitzten Backen drücken, das ist ekelhaft!

- Wenn sie dich ankotzen, dann hast du das Recht, sofort zurückzukotzen.

Warum muss der Weihnachtsmann unbedingt durch den Kamin kommen, was ist denn mit den Leuten, die keinen Kamin haben?

- Verdiene dir deinen ersten Respekt, indem du böse schaust! Ach so, Kinder können nicht böse schauen ... Versuch einfach, nicht zu niedlich zu sein, sonst hast du keine Ruhe!

- Sei stark, wenn sie dich ausziehen und deinen Po anfassen. Sie nennen es »Windeln wechseln«. Wenn du älter bist und eine Freundin oder einen Freund zu dir nach Hause bringst, werden sie dich mit Geschichten blamieren, wie sie deine Windeln gewechselt haben!

- Sie werden andere Kinder mitbringen und dich zwingen, mit diesen zu spielen. Tue einfach so, als würdest du schlafen. Falls du schon erwachsen bist: Dieser Tipp funktioniert auch, wenn es um Sex geht ...

Wie unsere liebe Verona (Feldbusch) Pooth sagen würde: »Kinder sind schlauer, als wie man denkt!« Kinder verstehen tatsächlich viel mehr, als man sich vorstellen kann. Es gibt ein russisches Video auf YouTube, auf dem ein kleines Mädchen (ca. 4 Jahre alt) ihre Eltern zusammenscheißt ... So geil!

- Manchmal werden deine Eltern eine nervige Tante ins Haus lassen, damit sie auf dich aufpasst. Das heißt nicht, dass deine Eltern dich nicht lieben. Es heißt nur, dass sie sich selbst in letzter Zeit zu wenig geliebt haben ... Und das holen sie jetzt wahrscheinlich in einem billigen Motel nach, für 60 Mäuse die Nacht.

- Finde dein Lieblingslied! Damit ist natürlich ein Lied gemeint, das allen Erwachsenen unglaublich auf die Nerven geht. Du musst einfach ununterbrochen schreien, bis irgendwann ein richtig schlimmes Lied im Radio kommt, und in diesem Moment gibst du Ruhe. Ab jetzt hast du eine starke Waffe. Du kannst Erwachsene müde machen, das gibt dir mehr Freiheit zum Erforschen der Außenwelt …

KAPITEL 4:
DER KINDERGARTEN

Im Kindergarten werden die Grundlagen für unser Leben gelegt. Alles, was wir im Kindergarten lernen, bestimmt unser späteres Leben. Gleichzeitig erinnert der Alltag der Erwachsenen stark an die Zeit im Kindergarten: Heute lieben wir uns, morgen hassen wir uns, übermorgen wissen wir nichts mehr voneinander.

Weißt du, was ich als Kind gehasst habe? Wenn ich zu Weihnachten oder zum Geburtstag so bescheuerte Geschenke bekommen habe wie Jeans, Pullis oder … eine Lavalampe? Hallo? Eine Lavalampe? Ist das euer Ernst? Sehe ich aus wie ein Lavalampen-Fetischist? Dann lieber gar kein Geschenk als so was, ehrlich!

Wir leben nach klaren Regeln – geregelte Schlafenszeiten, geregelte Malzeiten. Wenn wir jemandem etwas geben, wollen wir dafür etwas zurückhaben, und wenn es um unsere ehrliche Meinung geht … dann halten wir am liebsten den Mund. Und umgekehrt: Ist dir schon aufgefallen, dass die meisten Leute gar nicht wissen wollen, was du so denkst?! Genau wie damals!

Auch wenn wir erwachsen sind, haben wir noch vieles gemeinsam mit Kindergarten-Kindern, nicht wahr? Im Kindergarten erlernen wir die wichtigsten Basics zum Überleben: Freundschaft, Liebe, Vertrauen und wie man zwischen den netten Leuten und den Arschlöchern unterscheiden kann! Leider können aus den Arschlöchern auch deine besten Freunde werden, und ebenso können aus den besten Freunden später die größten Arschlöcher werden. Aber deswegen sollte man nicht traurig sein, denn das gehört zum Leben dazu wie die Tatsache, dass ein hübsches Mädchen immer eine hässliche Freundin im Schlepptau hat.

Diese kleinen Kinder können so gemein sein: Sie packen dich an den Haaren und ziehen dich durch den ganzen Raum, und dann treten sie dir mit ihren kleinen Füßchen in den Bauch und schmeißen sich mit Anlauf auf dich! Falscher Film? Ist mir doch egal, man sagte mir, hier gibt's Alkohol umsonst?

Im Kindergarten musst du auf jeden Fall vorsichtig sein, wenn du deine Entscheidungen triffst. Falsche Entscheidungen können dich in tiefe Abgründe stürzen. Du bist noch ein Kind, du hast einfach überhaupt keinen Plan vom Leben: Such dir keine falschen Freunde, die später eine Bank ausrauben und von ihrem Plan der ganzen Welt auf YouTube erzählen. Mach einen Bogen um die Leute, die reiche Eltern haben und für die du wie ein Sklave immer alles erledigen musst. Sei stark, sei einzigartig, sei fresh. Fuck the rest!

Such dir keine Freundin, die nach ein paar Jahren feststellt, dass ihr nicht nur gute Freunde seid, sondern dass es zwischen euch funkt, und kurz darauf überlegt sie es sich doch anders und nimmt deine Wohnung auseinander und sagt, dass du sie nur ausgenutzt hast … Hast du eine Ahnung, wie schnell so etwas passieren kann?

TIPPS ZUM ÜBERLEBEN IM KINDERGARTEN:

- Es ist zwecklos, aus dem Kindergarten auszubrechen, denn du wirst immer wieder zurückgebracht, wie ein ausgeliehener Film!

- Finde dich damit ab, dass viele Kinder in einer Gruppe einen recht unangenehmen Geruch erzeugen …

- Du brauchst irgendwas für deine Ohren, die Musik in dem Laden ist echt scheiße! »Mach's gerade so wie ich, so wie ich, so wie ich.« Das ist echt zum Kotzen!

Wir haben als Kids schon gewusst, dass mit der Welt etwas nicht stimmt, und haben uns rechtzeitig vorbereitet. P.S.: Die Waffe ist echt!

- Aus Märchen kann man viel lernen, pass also in der Vorlesestunde gut auf. Spätestens bei »Rotkäppchen« wirst du verstehen, wie grausam die Menschen sind. Warum lesen Erwachsene ihren Kindern eine Geschichte vor, in der ein Wolf eine alte Frau komplett verschluckt und sich danach schlafen legt, als wäre nichts gewesen?

- Insekten zu essen ist nicht Hakuna Matata, ja? Davon gibt es bestimmt nur Blähungen und ganz schlimmen Mundgeruch!

- Wenn du ein Junge bist, dann hör auf, von deiner heißen Erzieherin zu schwärmen. Wenn deine Zeit gekommen ist, wird ihre leider schon abgelaufen sein, und du wirst die Oma nicht mehr flachlegen wollen ...

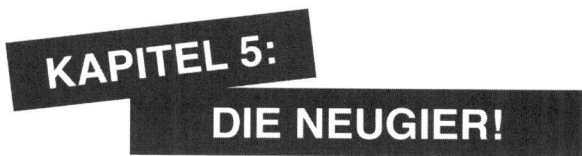

KAPITEL 5:
DIE NEUGIER!

Glückwunsch! Du bist cirka drei bis sechs Jahre alt, du lernst gerade sprechen und gehst deiner ganzen Umgebung unglaublich auf die Nerven, weil du eine Frage nach der anderen stellst. Ja ja, das Blatt wendet sich. Jetzt nervst du sie! Das ist deine Rache für all die Uti-tü-tü-Quälereien, als sie dich noch süß fanden ...

- Warum ist der Himmel blau? Wer hat ihn angemalt?

- Warum tut Oma immer ihre Zähne raus, bevor sie schlafen geht?

- Warum muss ich schlafen, während andere Party machen?

- Versteht ihr überhaupt, was ich euch frage? Warum antwortet ihr so bescheuert? »Nam Nam Nam Nam ...« Ach, selber Nam Nam Nam! Ich weiß doch, dass das keine richtige Antwort ist ...

Bestimmt kennst du die Geschichte mit dem Storch: »Also, du wurdest uns von einem Storch gebracht ...« Da geht es also gleich los mit den ersten Lügen der Eltern. Die erzählen dir tatsächlich, dass du, ein menschliches Wesen, von irgendeinem »abgefuckten« (entschuldige die etwas derbe Ausdrucksweise) Storch, von einem Tier, geliefert wurdest! Wir haben uns schon immer gefragt, was sich Eltern überhaupt denken, wenn sie derartige Geschichten erzählen. Es ist natürlich klar, dass man einem Kind nicht immer erklären kann, wie die Dinge in Wirklichkeit funktionieren, aber eine etwas realistischere Lüge hätte man sich auf jeden Fall einfallen lassen können. Na ja, mal sehen, was wir unseren Kindern später für einen Scheiß erzählen werden...

Und das Schlimme ist ja, dass du deinen Eltern glaubst, und noch schlimmer ist, dass du ihnen in diesem Alter auch besser alles glauben solltest, denn die Wahrheit würde dir nicht gefallen, also das, was dein Papa und deine Mama nachts in ihrem Schlafzimmer so treiben ...

Denn ganz bestimmt schließen die beiden ihre Tür nicht ab, um Schach zu spielen oder sich gegenseitig die Pickel im Gesicht auszudrücken! Wenn du dich im »Alter der Neugierde« befindest und die vielen unbeantworteten Fragen dich nicht einschlafen lassen, musst du folgende Tipps befolgen.

Deine neuen Freunde sind Fernsehen und Internet ... Viel Spaß – aus dir wird gerade ein verblödeter Kürbis gemacht!

TIPPS ZUM ÜBERLEBEN DER NEUGIER:

- Du solltest wissen, dass Tiere nicht sprechen können, auch wenn das Fernsehen das Gegenteil behauptet und deine eigenen Eltern diese Lüge unterstützen. Versuche nicht, mit deiner Katze zu reden, das ist Zeitverschwendung. Mach dich nicht lächerlich!

- Wenn die Zeit reif ist, musst du von Windeln aufs Töpfchen umsteigen. Ja, der Service lässt nach, du musst immer mehr selbst machen! Täusche die Erwachsenen, indem du immer daneben kackst! Sie werden denken, du bist noch nicht so weit.

- Überfordere die Erwachsenen nicht mit tiefgründigen Fragen, wie zum Beispiel danach, warum eine Kuh »Muuh« sagt. Das wissen die Erwachsenen nämlich nicht, das weiß wahrscheinlich nicht mal die Kuh selbst. Sie tut es einfach.

- In diesem Alter bekommst du eigentlich so gut wie alles, was du verlangst. Genieße diese Zeit, sie wird schon sehr bald vorbei sein, und dann sitzt du planlos in der Bundesagentur für Arbeit vor einem dieser Job-Automaten und guckst dir stumpf die Bilder an, anstatt dich tatsächlich über einen Beruf zu informieren …

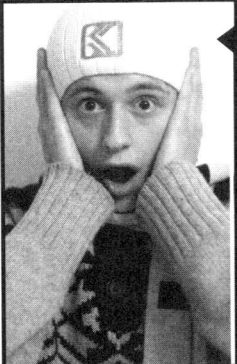

Wir haben gehört, dass wenn ein Mensch stirbt, sein Körper um 21 Gramm leichter wird. Man spricht davon, dass es die Seele ist, die 21 Gramm schwer war und jetzt plötzlich verschwindet. Was denkst du darüber? Glaubst du auch, dass unser Geist als Materie oder in sonst einer Form existiert? Und wenn ja, wohin geht er dann? Ich meine, ich würde schon gern wissen, wohin meine Gedanken und Ideen verschwinden, vielleicht kann ich sie ja irgendwann besuchen :D

- Manchmal hast du gruselige Alpträume, vor denen du richtig Schiss hast … Keine Sorge – wenn du erwachsen bist, wirst du dich darüber amüsieren, dass du wirklich vor diesem Gedanken Angst hattest: »Ein Ball kippt um und bleibt hängen …« Was hat man als Kind für Alpträume? Monster, Hexen? Komm schon, das ist doch echt nicht gruselig. Weißt du was gruselig ist? Deine Mutter! (Sorry, eigentlich wollten wir auf derart oberflächliche und niveaulose Witze verzichten, aber der musste jetzt einfach sein!)

- Verstecke dich nicht unter dem Bett deiner Eltern, vor allem nicht bei Nacht. Frag nicht, wieso … Lass es einfach sein. Ein Kumpel von uns redet nicht mehr, seit er das mal gemacht hat, und das ist schon ein paar Jahre her …

- Frag deine Eltern nicht, ob du einen Bruder oder eine Schwester bekommst! Diese Frage hat schon sehr viele Familien zerstört. Du willst doch dein Leben nicht noch schwerer machen, als es eh noch werden kann.

Welchen Film würdest du lieber anschauen?

»Kannibalen bleiben nicht zum Frühstück.« Wie sollen sie auch mit verschlossenem Mund essen?

A

»Der schwarze Punkt an der Wand!« Ausgezeichnet mit acht Oscars und einem Arschtritt.

B

C

»Findet EMO!« Die Aufgabe, Emo zu finden, scheint auf den ersten Blick unlösbar zu sein.

D

»Die eklige Hand aus dem Klo!« Eine Hand kommt nachts aus dem Klo und tötet Menschen.

KAPITEL 6:
MÄDCHEN SIND DOOF!

Dies ist zwar ein Kapitel über Jungs, aber auch für Mädchen könnte es durchaus interessant sein. Wenn du ein Junge im Alter von sechs bis acht Jahren bist, findest du was? Genau, du findest die Mädchen doof! Du verstehst zwar nicht wieso, aber du versuchst, denen immer etwas Böses zu tun. In Wirklichkeit ist es deine verkrampfte Art, deine Gefühle zu zeigen. Noch durchschaust du dich in diesem Punkt selbst nicht, aber du wirst schon früh genug dahinterkommen.

Du fragst dich allmählich, warum Mädchen so anders sind als du, warum sie so anders gekleidet sind, warum sie anders riechen als du (vielleicht solltest du dich echt öfter waschen) … Noch verstehst du nicht ganz, wozu dich dieses Interesse führt, du fühlst dich seltsam angezogen von den Mädchen. Aber sehr bald wirst du dich regelrecht abhängig fühlen, und das wird Folgen haben. Es wird dein Ende sein! Muhahahaha! Okay, das reicht mit dem Auslachen, das Leben wird dich auch so schon hart genug bestrafen … So lange du noch ein freier Mann bist (und damit meinen wir, dass du nicht 90 Prozent deiner Freizeit damit verbringst, wie ein verblödeter Hund nach einem paarungsbereiten Weibchen zu suchen), musst du deine Tage genießen und ein paar schöne Dinge erleben. Diese Zeit ist einmalig, und wenn du sie vergammelst, bist du selbst schuld, die gibt's kein zweites Mal!

Als wir beide noch kleine Kinder waren, haben wir uns manchmal ganze Abende lang Kataloge angeschaut, diese dicken Dinger mit Werbung für Klamotten, Spielzeug, Hi-Fi-Geräten usw. Und wir haben uns Sachen ausgesucht, die wir unbedingt haben wollten, sobald wir groß wären. Später hat unser Interesse für materielle Dinge nachgelassen, und das ist auch gut so!

Tipp des Tages: Wenn du mit deinen Eltern bei Fremden zu Besuch bist – fühl dich wie zu Hause, friss denen alle Süßigkeiten weg und lass einen in ihrer Küche fahren! Beste!

Mädchen in diesem Alter sind noch mit ihren Puppen beschäftigt. Gleichzeitig unternehmen sie erste Versuche, sich mit Gift (auch als Schminke bekannt) schöner zu machen, und zerstören damit die eigentliche Schönheit ihrer Haut. Kein Wunder, dass Jungs in diesem Alter nichts mit Mädels zu tun haben wollen :D Ihr Spaßbremsen! Wäre doch viel cooler, sich draußen in einer Pfütze hin und her zu wälzen.

DINGE, DIE DU ALS JUNGE IM ALTER VON SECHS BIS ACHT JAHREN UNBEDINGT GEMACHT HABEN SOLLTEST:

- Ein Baumhaus bauen. Du musst aber nicht unbedingt fair spielen. Lass es deinen Vater machen! Er hat sowieso nichts zu tun nach neun Stunden Arbeit ... Der faule Sack!

- Eine Banane mit Schale essen ... Ähem, NEIN? Wolltest du das gerade tatsächlich ausprobieren? Du musst nicht alles machen, was wir sagen. Vergiss nicht, wir sind Russen (uns kann man nicht trauen :D).

- Du musst dir auf jeden Fall die Sterne anschauen und dabei 100.000 bescheuerte Fragen stellen: Ob das vielleicht ganz viele kleine Taschenlampen sind oder Glühwürmchen ... Vergiss nicht: Dein Gehirn ist in diesem Alter noch zu klein, um zu verstehen, dass es natürlich kleine Ufos sind, die dich beobachten, und keine Taschenlampen!

- Mehr als zehn Stunden am Stück vor einer Spielkonsole gammeln und sich darüber aufregen, warum der Endboss so scheiße schwer ist. Anschließend zum Händler gehen und auf eine unschuldige Art versuchen, das Spiel umzutauschen! Ja, wir Jungs haben immer die besten Hobbys!

- Einen Fisch verarschen! Das geht ganz einfach. Du sagst ihm »Hey, mein Name ist XX. Und wie ist dein Name?« Mann, ist das witzig, wie der einfach nichts sagt, weil er sich nicht an seinen Namen erinnern kann ... der dumme Fisch!

- Und natürlich musst du mindestens einmal das Klo verstopfen, auf welche Art, ist dir überlassen. Der Gesichtsausdruck deines armen Vaters beim Abpumpen ... So was ist einmalig, und das zu erleben, ist fast genauso aufregend wie Justin Bieber.

KAPITEL 7:

UND DANN BISCH AUFGEWACHT!

Du gehst zum ersten Mal in die Schule, da lernst du viele Mädchen (oder Jungs) kennen. Erst hasst ihr euch gegenseitig. Die Jungs hetzen die Mädchen auf und spielen ihnen bescheuerte Streiche. Die Mädchen tun natürlich so, als würden sie diese Affen erst gar nicht bemerken. Und so ist alles schön und gut, aber du wirst erwachsener und realisierst allmählich, was mit dir passiert ...

Du beginnst, dich mit dem anderen Geschlecht zu verstehen (natürlich ist es nicht bei allen so, aber bei der Mehrheit wird es wohl stimmen), und ab einem gewissen Moment wird dir klar, dass du dein ganzes Leben nur noch ein Ziel verfolgen wirst: den Mädchen hinterherzurennen, weil sie so wunderschön sind und so gut riechen. Oder den Jungs hinterherzurennen, wenn du ein Mädchen bist, warum auch immer (dazu fallen uns keine attraktiven Adjektive ein ... Außer Penis?). Und da bisch aufgewacht!

Ein Junge muss nicht viel tun, um einem Mädchen zu gefallen, sagen zumindest viele Mädchen. Doch in der Realität fällt schnell auf, dass sich hinter den Worten »Er muss einfach lieb und witzig sein« nicht viel versteckt. Denn anstatt mit lieben Jungs ihre Zeit zu verbringen, gehen sie meist mit Ärschen aus!

WIE MAN ES ALS JUNGE SCHAFFT, EINEM MÄDCHEN ZU GEFALLEN:

- Du musst dich anders geben, als du wirklich bist. Frauen stehen nicht auf ehrliche, nette Typen. Sei ein Arschloch!

- Trage eine Justin-Biber-Frisur oder wenigstens ein Justin-Biber-T-Shirt. Die beste Option wäre natürlich, wenn du der echte Justin Biber sein könntest, aber da das biologisch nicht möglich ist ... ab zum Friseur!

- Sei am Anfang einfach ein guter Kumpel, gewinne ihr Herz für dich, und dann kannst du voll zuschlagen. BÄÄÄM!

- Lade eine Liebeserklärung per Videobotschaft bei YouTube hoch. Glückwunsch! Du hast dich zum Depp der Nation gemacht! Also keine Liebesvideos ins Internet laden!

- Komm ja nicht mit Blumen an, schenk ihr lieber einen iPod.

- Tue so, als wärst du dumm oder bräuchtest Nachhilfe in Mathe, oder sei einfach dumm und brauche wirklich Nachhilfe in Mathe. Setz einen Hundeblick auf und sag Folgendes: »Ich will ein Astronaut werden und die Welt vor dem Untergang retten, dafür brauche ich Mathekenntnisse.«

- Du musst gut in Sport sein. Später wirst du verstehen, dass kaum jemand so ein abgelutschtes Würstchen wie dich hübsch findet. Dieses »kaum jemand« reduziert sich auf deine Familie und auf ein paar Leute, die nur dann etwas von dir wollen, wenn du reich bist.

- Bau dir eine übertrieben krasse Rakete! Du kannst damit zwar kein Mädchen beeindrucken, aber dafür hast du eine Rakete gebaut, die wahrscheinlich nicht mal fliegen kann ... Sei einfach stolz drauf, dass du überhaupt etwas zustande gebracht hast – im Gegensatz zu uns.

»Sag mal, habt ihr denn auch ein großes Haus und viele Autos? Mein Freund muss mich verwöhnen ... Willst du mein Freund sein?«

Eigentlich hatten wir vor, ein ernsthaftes Foto von uns beiden zu machen. Als es geblitzt hat, kam das raus!

WIE MAN ES ALS MÄDCHEN SCHAFFT, EINEM JUNGEN ZU GEFALLEN:

- Box ihm in die Fresse! So entstehen die meisten Freundschaften unter Männern. Warum soll es nicht auch bei dir funktionieren?

- Trage ein Transformers-T-Shirt oder ein Superman-, Spiderman- oder Batman-T-Shirt oder sonst irgendeinen farbigen Scheiß, auf den Jungs so stehen!

- Achte darauf, dass du nicht andauernd kicherst, so wie Mädchen das immer machen. Das geht uns Jungs auf die Glocken! Man will sich mit einem Mensch unterhalten und nicht mit einem Eichhörnchen …

- Finde eine hässliche Freundin, die du überall mit hin nehmen kannst. So fällst du besser auf, und die Jungs stehen nur noch auf dich (das machen übrigens wirklich viele Mädchen so!).

- Nein! Es ist noch zu früh, deine Haut durch giftige Schminke zu verseuchen. Jungs stehen nicht auf Schminke!

- Rede nicht über Ponys. Ponys sind verdammt OUT! Und verdammt nicht männlich! Ja, gut, die sind süß … Aber rede nicht über Ponys!

- Sei nicht schüchtern. Warte nicht, bis dich ein Junge anspricht, sprich ihn lieber selbst an! Bring dir nicht jetzt schon diese Ich-bekomme-alles-ohne-etwas-dafür-zu-tun-Einstellung bei. Das könnte dir in der Zukunft Ärger machen.

- »In dem Alter stehen weder Jungs auf Mädchen noch Mädchen auf Jungs!« – sagt unsere Fan-Gemeinde gerade, weil wir folgende Frage auf unserer Facebook-Fanpage gepostet haben: »Wie gefalle ich als Mädchen einem Jungen in der Grundschule?« Ist das wirklich so? Was hat dann mit uns beiden nicht gestimmt in diesem Alter?!?

HERBERT SAGT:

Ich habe meinen Bruder David gefragt, warum er immer arbeiten geht. Das muss doch voll ätzend sein! Er hat irgendwas von Geld verdienen und so nem Scheiß erzählt. Ich weiß doch, warum er immer verschwindet … Er geht heimlich ins Kino und schaut sich Twilight an! Spast!

KAPITEL 8:
EIN MÄRCHEN

Und jetzt, liebe Leserin und lieber Leser, gibt es zur Abwechslung ein unerwartet spannendes Märchen.

Es war einmal ein Mädchen. Sie war kein gewöhnliches Mädchen … Sie wusste nicht, wer Hannah Montana ist, sie hatte kein Facebook, kein MySpace, kein schülerVZ, sie war, na ja, sie war halt einfach komisch.

Aber nicht die bisherigen Informationen machten das Märchen so merkwürdig, sondern die Tatsache, dass sich die Tusse seit verschissenen 18 oder 20 Jahren in einem Turm versteckte, in dem sie auf den Prinzen aus ihren bescheuerten Träumen wartete.

Ob sie sich jemals die Frage gestellt hat, ob es so was wie einen Prinz überhaupt gibt? Mit »Prinz« ist natürlich diese klischeehafte Vorstellung von einem jungen Mann gemeint, der auf einem Pferd heranreitet, schön wie ein Bild aus der »Old Spice«-Werbung, jemand, der 57 Sprachen fließend sprechen kann und zehn davon rückwärts, der alle Kampfarten der Welt in Perfektion beherrscht und einige sogar selbst erfunden hat, ein Mann mit Charakter, Ehre und Herz!

Ja, das Mädchen hatte sie echt nicht mehr alle. Oder kennst du jemanden, der all diese Voraussetzungen erfüllen kann? Außer natürlich der Typ aus Twilight. Ja, der ist toll, ja wirklich … Weltklasse! Zurück zum Märchen. Da saß sie also den ganzen Tag da, irgendwo im Wald, in einem Turm. Wie sie an etwas zu essen gekommen ist, hat sich auch niemand gefragt, oder?

18 Jahre, 3 Monate und 18 Tage musste der arme Prinz reiten, um seine Liebe zu finden ... Eine verzweifelte Bitch auf einem Turm ...

So Kinder, ich erzähle euch jetzt mal ein Märchen: »Es war einmal ein Mädchen. Dieses Mädchen wollte nur einen guten Freund finden, der nur ein guter Freund sein müsste und, na ja, ihr teure Geschenke kaufen würde ... Aber wo bleibt dieses Arschloch?« Ende der Geschichte, Kinder!

Die andere Frage, die du dir als Mädchen stellen solltest: Auch wenn der Prinz existiert, wie soll er an dich in deinem Turm herankommen? Er soll an deinen Haaren hochklettern? Ist das dein Ernst, oder hast du zu viele von diesen schwarzen Gummibärchen gefressen, von denen einem ganz wirr im Kopf wird?

Ab da ist es doch witzig? Warum wartet sie da auf ihren Prinzen? Warum geht sie überhaupt davon aus, dass jemand, bevor Google Maps erfunden wurde, sie irgendwann in diesem Loch entdecken würde? Wir haben uns schon immer gefragt, was mit diesem Märchen eigentlich nicht stimmt. Warum steigt es nicht einfach herab aus seinem verfluchten Turm und lebt ein ganz normales Leben?

Natürlich! Die böse Hexe hat sie verzaubert, und sie hat keinen Schimmer davon, dass sie die ganze Zeit verarscht wird, weil sie einfach zu dumm ist, um zu kapieren, dass die Hexe einfach nicht mal wie ihre Mutter aussieht und ihre Geschichten billiger sind als die Filme von Uwe Boll (einer der schlechtesten Regisseure der Welt, der dafür bekannt ist, viel Geld für schlechte Filme rauszuschmeißen).

Welche Märchenfigur wärst du lieber?

Das hässliche Entlein, das nach all den Erniedrigungen jetzt nur noch auf Rache aus ist ...

A

Ein unwichtiges namenloses Opfer, welches als Erstes vom bösen Wolf aufgefressen wird.

B

C

Eine auf dem Besen fliegende Hexe, die für ihren sehr strengen Mundgeruch bekannt ist!

D

Eine Schmarotzer-Prinzessin, die sich natürlich nur von einem reichen Prinzen flachlegen lässt!

Über das Motiv kann verhandelt werden, aber irgendwas wird das Mädchen angestellt haben, dass es sich freiwillig so einen heftigen Stress geben und sich im Turm verschanzen muss. Und damit stoßen wir auf die nächste Frage: Wozu braucht sie den Prinzen?

Die Antwort ergibt sich wie von allein. Sie muss das Land verlassen, ist doch ganz logisch! Sie braucht ihn als Komplizen, damit er sie über die Grenze bringt. Dafür muss sie ihn zwar heiraten, aber sie hat nicht umsonst so viele Jahre auf dem Turm verbracht. Sobald die beiden über die Grenze sind, wird der Prinz brutal geschlachtet und von Pinguinen aufgegessen … Oops, wir wollten doch nicht übertreiben :)

Die Moral der Geschichte ist jedenfalls folgende: Jungs! Fallt nicht auf verrückte Frauen rein, die euch darum bitten, an ihren Haaren auf den Turm zu klettern! Und Mädels! Nutzt die Jungs nicht aus, wir sind auch nur Menschen!

Lachende Pilze und ein paar niedliche Tierchen mit einem hypnotisierenden Blick … Kann es sein, dass wir eine kranke Fantasie haben?

Für Mädchen gibt es eine kleine Zugabe! Küss den Frosch! Wie zur Hölle kommt man auf die Idee, einen Frosch zu küssen? Kann uns das jemand erklären? Hallo? Bakterien? Herpes? Gibt es eigentlich irgendwo eine Statistik, wie viele kleine Mädchen sich jährlich ganz schlimme Infektionen holen, weil sie Frösche küssen? Außerdem sehen Frösche total eklig aus, wie kann man so etwas küssen? Igitt! Mädchen, lasst eure Finger von Fröschen, die werden sich nicht in Prinzen verwandeln. Pfui!

HERBERT SAGT:

Ich weiß, dass irgendwo ein Mädchen auf mich wartet … Ich weiß sogar, welches – Megan Fox! Wenn die Zeit gekommen ist, werde ich auf mein Feuerwehrauto hüpfen und sie aus dem Gefängnis ihrer bestimmt unglücklichen Ehe retten! Megan, gib nicht auf! Ich werde dich holen!

KAPITEL 9:
LANGEWEILE

Wir bekommen von ganz vielen halb verzweifelten Leuten immer wieder die gleiche Frage gestellt: »Jungs, man sieht euch an, dass ihr Spaß am Leben habt und euch nie langweilig ist … Wie schafft ihr das eigentlich?« Mit dieser Frage haben wir uns vor etwa fünf Jahren sehr intensiv auseinandergesetzt. Damals mussten wir feststellen, dass wir geistig zu degradieren begannen, weil wir jeden Abend mit den gleichen Leuten die gleiche Scheiße unternahmen. Wir gingen raus, ohne auch nur den Wunsch zu haben, etwas Interessantes anzufangen. Wir haben einfach nur gegammelt und dachten uns dann irgendwann: »Hey, so kann es doch nicht weitergehen. Lass uns mal was machen, das uns Freude bereitet, bevor unsere nutzlosen Körper endgültig verrotten und wir zu McDonalds-Futter werden.

Meiner Meinung nach kann sich jeder Mensch selbst vor der Langeweile retten, ohne zu anderen Hilfsmitteln zu greifen als der eigenen Fantasie. Ich habe mich immer wieder durch sinnloses Kopfkino aufgemuntert und mich auf das glückliche Level befördert. Probier es einfach aus!

Und dann haben wir uns überlegt, wie wir unsere Zeit etwas sinnvoller totschlagen und dabei noch Spaß haben könnten. Einer von uns hatte eine Kamera zu Hause, und eine der ersten Ideen, die ihm in sein verblödetes Hirn kam, war eben diese:

»Stell dir einfach vor – wir nehmen diese Kamera und filmen uns selbst, dabei versuchen wir irgendwas Lustiges zu machen!« Da wir einfach keine bessere Idee hatten, haben wir den Vorschlag dann wirklich in die Tat umgesetzt.

Viele unserer damaligen Freunde haben uns deswegen ausgelacht oder hinter unseren Rücken gelästert und so Sachen gesagt wie: »Ey, guck dir diese Spasten an, die laufen die ganze Zeit mit der Kamera rum und nehmen sinnloses Zeug auf!« Dabei saßen sie selbst immer noch auf ihrer Bank im Park und haben in ihre billigen Bierflaschen reingepfiffen. Soweit wir wissen, machen sie auch heute noch nichts anderes.

Mit diesem Beispiel wollen wir dir nicht sagen, dass du unbedingt Videos von dir machen und sie ins Netz stellen solltest. Das war unsere Bestimmung, und wir haben sie entdeckt, weil wir auf unsere Herzen gehört haben und nicht auf die Leute, die versucht haben, uns die Idee wieder auszureden. Wir hatten Spaß und haben ihn immer noch. Mittlerweile ist das Produzieren von Videos und jeder Art von Unterhaltung zu unserem Beruf geworden.

Wir wollen dir in dieser Hinsicht einen Tipp geben, der hundertprozentig funktionieren kann, aber nur wenn du die Kraft hast, an dich selbst und an deine Träume zu glauben. Wir haben aus unserer eigenen Erfahrung und aus den Erfahrungen unserer Freunde (einige von denen sind auch im Unterhaltungsbereich oder im Musikbereich tätig) gelernt, dass jeder Mensch in der Lage ist, sich seine Träume zu erfüllen. Man darf sich bloß nicht von dem abbringen lassen, was man gern machen würde.

Dir macht es Spaß, Socken zu stricken oder dich durch die Wildnis zu quälen? Du würdest gern eine Weltreise machen oder ein Rennfahrer werden? Genau das sind die Mittel gegen Langeweile! Man sollte genau das tun, wovon man das Gefühl hat: »Alter, ich fühle mich so glücklich dabei, als wäre ich neu geboren!« Natürlich braucht es seine Zeit, bis man das entdeckt

So wie in jeder Katze die Lust steckt, den schönen Boden mit Scheiße zu beschmieren, steckt in jedem Menschen das Verlangen nach Abenteuer und Action. Der Mensch ist ständig auf der Suche nach Tätigkeiten, die sein Herz zum Rasen bringen und ihn für kurze Zeit in einen magischen Zustand befördern …

hat, was man gern machen würde. Aber es wäre dumm, es nicht mal zu versuchen, denn wer sucht – der findet!

Es gibt aber auch grundsätzlich ganz viele Dinge, die man machen kann, um die Langeweile zu verscheuchen und einen öden Abend zu einem unvergesslichen Erlebnis zu machen.

TIPPS ZUM ÜBERLEBEN DER LANGEWEILE:

- Lass dich zum Beispiel von deinem Vater überreden, mit ihm zum Skifahren zu gehen, obwohl du es gar nicht kannst (wie Dima es gemacht hat). Es war ein unvergesslicher Tag mit ganz viel Schnee in allen Öffnungen seines Körpers (gefühlte 300 kg).

- Sei keine Spaßbremse, sei einfach spontan und unternimm etwas, wovon du nie gedacht hättest, dass du das mal machen würdest. Solange man nichts ausprobiert, erfährt man auch nicht, ob es einem richtig Spaß macht oder nicht.

- Was noch ein guter Zeitvertreib ist, sind natürlich geniale Telefonstreiche (als wir noch etwas jünger waren, haben wir es geliebt, Leute am Telefon zu verarschen). Komm aber ja nicht auf die Idee, in deiner Schule anzurufen und von einer Bombe zu erzählen. Solche Sachen sind einfach uncool und außerdem strafbar …

- Und such dir endlich mal Freunde, mit denen es nicht langweilig ist. Hör auf, mit irgendwelchen überkorrekten Würstchen rumzuhängen, die keinen Spaß am Leben haben.

KAPITEL 10:

GRAUE SCHULZEIT

Der Wecker klingelt, du kommst zu spät in die Schule, beim Aufstehen stolperst du über eine Katze … Oder über ein Pferd? Wenn wir schon dabei sind: Wieso hast du eigentlich ein Pferd in deinem Zimmer? Nein? Nicht dein Zimmer? Dir ist so etwas noch nie passiert? Braves Kind! *streichel* und *einen Keks in den Mund schieb*.

Uns ist dieses Gefühl jedenfalls bekannt. Du kommst zu spät in die Schule, und wenn du ins Klassenzimmer reingehst, drehen sich alle Köpfe in deine Richtung, wie kleine Roboter-Eulen! Es gibt so viele peinliche Momente aus der Schulzeit, die man als Erwachsener später abzustreiten versucht: »Was? Ich? Nein, ich habe mich nie als Hühnchen verkleidet und auf den Lehrertisch gesetzt und gegackert – Ist Ostern schon vorbei? Ich hab hier noch ein Ei!«

Natürlich klingen die Schulgeschichten im Nachhinein ziemlich lustig. Hinter der amüsanten Fassade verstecken sich oft aber echte Schwierigkeiten. Lass deine Überlebensinstinkte nicht abstumpfen! Die Schulkids sind zum Teil sehr aggressiv

Die Klasse wartet gespannt darauf, welche bescheuerte Ausrede du dir wieder einfallen lässt, weil du zu spät zur Schule kommst. Es gibt ein Gerücht, dass ein ganz bestimmter Junge auf die Frage der Lehrerin, warum er zu spät komme, nur das sagte: »Mä ää äh« (Das Geräusch, welches die Ziegen von sich geben).

und gefährlich! Sie können dich jederzeit auf eine körperliche oder geistige Art angreifen und verletzen. Manchmal reicht sogar ein falscher Blick in die Richtung des Prügel-Max, und schon schlägt er los. Ja, manche Kids sind wirklich vollgeladen mit dieser negativen Energie. Man muss sie nur richtig umwandeln können, sodass es für dich zum Vorteil wird!

TIPPS ZUM ÜBERLEBEN DER SCHULZEIT:

• Als Erstes musst du deine Mitschüler in Gruppen einteilen und herausfinden, welcher Gruppe du selbst angehören willst. Es gibt folgende Gruppen: Klassenkasper, Streber, Trottel, Angeber, Zicken, Schulbitches, Loser, Gangster, Macho, Lieblinge der Lehrer, die Stillen, deren Namen niemand kennt usw.

• Wenn du ein Klassenkasper werden willst, ist deine Aufgabe ganz einfach. Du musst die Klasse mit deinem bescheuerten Benehmen unterhalten. Ein einfaches Beispiel: Wenn dich ein Lehrer zur Tafel bittet, gehst du zur Tafel … bleibst dort kurz stehen, ohne etwas zu sagen (etwa 40 Sekunden lang), und dann sagst du ganz spontan: »Miau!« Oder etwas Ähnliches! Hier kannst du deiner dämlichen Fantasie freien Lauf lassen. Lass deine Dummheit raus, Menschen lieben dumme Menschen!

• Du bist ein blutsaugender Vampir? Dann solltest du dir keine Sorgen um deine Mitschüler machen, denn sie beachten dich sowieso nicht … nicht mal den Lehrern fällt es auf, dass du schon seit 70 Jahren in die 8. Klasse gehst und so blass bist, als wärst du mit dem Gesicht an einer frisch gestrichenen Wand eingeschlafen …

• Vergiss alles, was du in »High School Musical« gesehen hast! Wenn du durch die Schule rennst und plötzlich anfängst zu tanzen und zu singen, ist es naiv zu erwarten, dass jeder andere durchschnittliche Schüler auch tanzen und singen kann!

- Außerdem waren es bei HSM doch keine echten Schüler, die waren alle schon mindestens 30 Jahre alt … Wem das nicht auffällt, der muss doch dumm sein wie ein aus dem Flugzeug fallendes Kissen!

- Halte deine Eltern von der Schule fern!!! Lass es nicht zu, dass dich deine Mutter zur Schule fährt und direkt vor dem Eingang auf die Backe küsst und dich ganz laut zu sagen zwingt, dass du sie auch lieb hast! So etwas kann deine ganze Zukunft zerstören!

- Nein, es ist nicht cool, Schule zu schwänzen … wenn gerade ein Feiertag ist! Wenn du schon Schule schwänzt, dann mach es an dem Tag, wo die anderen Idioten alle hingehen. Poste es bei Facebook und erzeuge puren Neid mit Fotos, auf denen du schön am See gammelst und deine Freiheit genießt.

Heutzutage ist es schon fast out, Hip-Hop-Klamotten anzuziehen. Wir tun es trotzdem noch manchmal, weil es einfach Swaaag hat!

FRAGE 7:

Was würdest du machen, wenn dich Zombies angreifen?

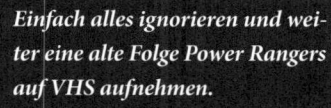

Einfach alles ignorieren und weiter eine alte Folge Power Rangers auf VHS aufnehmen.

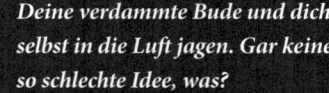

Deine verdammte Bude und dich selbst in die Luft jagen. Gar keine so schlechte Idee, was?

Zombies reinlassen und eine Runde Call of Duty im Zombie-Modus zocken.

Deinen Opa vor die Tür stellen, den wird sowieso kein Schwein vermissen :D

KAPITEL 11:
VOLKSVERDUMMUNG

Zu diesem Thema müssen wir eigentlich nicht mehr viel sagen. Es sollte schon jedem aufgefallen sein, dass alles, was um uns herum passiert, so eingerichtet ist, dass wir mehr und mehr verdummen. Am schlimmsten sind natürlich die Medien. Wir sind schon seit Jahren keine regelmäßigen TV-Zuschauer mehr, weil es einfach nicht okay für uns ist, was im Fernsehen manchmal gezeigt wird.

Es gibt ja sehr bekannte Fernsehsender, deren Namen wir jetzt am besten nicht erwähnen, aber wir hoffen, ihr versteht trotzdem, worauf wir hinauswollen: Es gibt da so Sendungen, in denen die Menschen einfach nicht von ihrer besten Seite gezeigt werden, was natürlich an sich nicht so schlimm wäre, das könnte man ja auch »Authentizität« nennen. Aber es geht eben nicht bloß darum, dass bei diesen Menschen mal ab und zu ihre schlechten Seiten gezeigt werden, nein, es geht darum, dass der Sender extra das Ganze so manipuliert, dass nur das Schlechte gezeigt wird. Die armen Leute werden regelrecht vorgeführt.

Manchmal werden die Gäste von den Mitarbeitern des Senders sogar extra schlecht gemacht, bevor die Kamera eingeschaltet wird, damit der Zuschauer was zu lachen hat. Zu Hause auf der gammligen Couch kann man sich dann über andere lustig machen und sich glücklich schätzen, dass das eigene Leben nicht so kaputt ist. Und das, obwohl die Jogginghose, die man gerade anhat, seit mindestens drei Monaten nicht mehr gewaschen worden ist. Solche Sendungen sind ganz schlimm.

Und es hört ja nicht auf bei diesen Sendungen (die viele sogar als unterhaltsam empfinden und sich dieses gestellte Zeug auch noch gern anschauen und sich davon beeinflussen lassen), es fängt da gerade erst an. Auch das Gedruckte überrascht manchmal nicht wirklich mit seinem Informationswert. Manchmal, wenn man die Zeitung liest, fragt man sich wirklich, ob die Leute den ganzen Blödsinn eigentlich tatsächlich glauben? Aber da die Zeitungen ja nach wie vor ihren Absatz finden, kann man sich die Frage wohl selbst beantworten. Eine traurige Geschichte.

Man sieht überall nur aggressive und depressive Menschen. Wir meinen so richtig kaputte Gestalten – nichts für ungut, aber warst du schon mal um fünf Uhr in der Früh in einer U-Bahn? Hast du die Gesichter gesehen? Man fühlt sich fast wie in einem Horrorfilm mit lebenden Toten. Man würde am liebsten zu Hause bleiben und Teletubbies anschauen, obwohl … da sind auch nur tote Gesichter zu sehen … Menschen ohne Gefühle und Emotionen. Was ist eigentlich los? Wir haben gehört, dass einmal eine Leiche sechs Tage lang in einer U-Bahn hin und her gefahren wurde, bevor jemand merkte, dass da ein Toter neben ihm saß.

Der Todesengel hat heutzutage gar keine Action mehr. Er muss nichts mehr machen. Leute bringen sich selbst gegenseitig um …

WIE DU DICH VOR DER VOLKSVERDUMMUNG SCHÜTZEN KANNST:

- Schau dir keine fragwürdigen Sendungen im Fernsehen an, bei denen es nur darum geht, andere Menschen auszulachen und sich dann selbst besser zu fühlen. So etwas macht einen krank. Da sprechen wir aus eigener Erfahrung.

- Hör auf, bei jeder Meinung eines Fremden immer bloß »Ja ja ja« zu sagen. Versuche immer, eine eigene Meinung zu haben und deinen Standpunkt zu verteidigen.

- Kauf den Medien nicht alles ab, was sie versuchen, dir auf einem mit Gold und Süßigkeiten geschmückten Teller zu präsentieren. In der Medienbranche geht es zu 80 Prozent darum, Umsatz zu machen, und das lässt sich am einfachsten erledigen, indem von sensationellen Skandalen berichtet wird. Deswegen hört man auch immer wieder von irgendwelchen unglaublichen Dingen, die in Wirklichkeit gar nicht so geschehen sind.

Irgendwann werden wir alle gemeinsam draufgehen, weil wir einfach zu dumm dafür sind, uns gegenseitig mit Liebe zu behandeln!

Kaum einer von uns kann sich noch an seinen ersten Mathe-lehrer erinnern oder an den ersten Pausenbrot-Freund, dessen Pausenbrot immer besser schmeckte als das eigene. An was wir uns aber bestimmt erinnern können, ist dieser ganz einfache Satz: »It's a me, Mario!«, aus dem bekanntesten Videospiel aller Zeiten.

Weißt du, was das geilste Spiel aller Zeiten ist, Bruder? Hahaha! Dieses Spiel, wie heißt es noch mal? Warte, lass mich nachdenken ... Ha-haha, ich hab das Wort »denken« benutzt, das war bestimmt das erste Mal seit fünf Jahren. Also das Spiel heißt ... Es fängt mit dem Buch-staben »K« an ... Auf jeden Fall ging es da um Vampire und Soldaten ... Scheiße, wie hieß es noch mal? Genau ... »Zelda«. Besteeeee Bruder!

In Videospielen bekommt man oftmals gute Tipps, wie man in gefährlichen Situationen überleben kann. Was soll daran bitte so verkehrt sein? Warum müssen sich irgendwelche Leute im-mer beschweren, dass die Spiele einen krank und dumm ma-chen, obwohl genau diese Leute keine Ahnung davon haben, was für Vorteile das Zocken mit sich bringt. Die sollen erst mal ein Spiel durchspielen, das zumindest ein bisschen Köpfchen und logisches Denken erfordert, ganz abgesehen von einem vernünftig entwickelten Reaktionsvermögen. Ein trainierter

Shooter-Zocker kann wahrscheinlich im Schlaf eine fallende Spinne auffangen und sie mit einem Arschtritt zurück nach oben befördern – und erst dann macht er die Augen auf!

Außerdem erfährt man beim Videospielen, dass jeder gewöhnliche italienische Klempner in der Lage ist, sich durch die Kanalisation in andere Dimensionen zu bewegen, Feuerbälle zu spucken und in verschiedenen Farben zu leuchten, wenn er Blumen oder Pilze geschluckt hat. **Merke allerdings:** Drogen sind auch nicht Hakuna Matata!

»Komm schon Mädchen mit Zahnspange ... Zock mit mir! Ich sehe nur etwas eigenartig aus, aber ich bin voll lieb und kuschelig!

Wir reden ja darüber, wie du überleben kannst, und nicht umsonst kommen wir dabei auf das Thema Videospiele. Wir gehen zwar nicht davon aus, dass du verrückt bist, aber solltest du verrückt sein, müssen wir dich unbedingt davor warnen, dass nicht alles, was in den Videospielen möglich ist, auch in der Realität funktioniert. Wir kennen wirklich Leute, die ein Problem damit haben ...

SACHEN, DIE DU AUS DEN VIDEOSPIELEN NICHT LERNEN SOLLTEST:

- Wenn du aus dem 13. Stock springst, kannst du *nicht* vorher speichern und anschließend neu starten. Wir würden uns nicht so sehr auf die Speicherkarte verlassen!

Minecraft ist zur Zeit das wohl angesagteste Spiel. Es macht so viel Spaß, dass man sogar vergisst, dass die Grafik einfach scheiße ist!

- Du kannst nicht durch Wände laufen. Oder heißt du etwa Harry mit Vornamen?

- Du kannst auf keinen Fall Menschen aus ihren Autos schmeißen und dann mit der Karre abhauen. Außerdem brauchst du einen Führerschein zum Fahren!

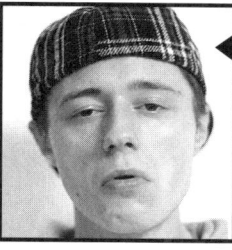

Das Gefühl, in der Schule ein Außenseiter zu sein, ist uns bekannt. Nicht umsonst haben wir uns DieAussenseiter genannt. Es ist nicht schlimm, anders zu sein. Man muss sich nicht dafür schämen, man muss nur den Menschen in seiner Umgebung beibringen, dass sie einen so akzeptieren, wie man ist ...

- Du musst nicht alles, was du auf der Straße findest, mitnehmen. Auch wenn du davon ausgehst, dass man die Dinge später bestimmt irgendwie sinnvoll mit anderen Fundobjekten kombinieren kann – leere Becher, Flaschen und Verpackungen sind nicht so wertvoll, wie sie auf den ersten Blick aussehen!

- Wenn du eine fliegende sprechende Wolke siehst, solltest du das nicht als normal hinnehmen, sondern dich dringend ärztlich untersuchen lassen.

- Wenn du den Boss tötest, kommst du nicht in das nächste Level, sondern ins Gefängnis. Reality Hits You Hard Bro 2!

- Vermeide es, süchtig von den Spielen zu werden. Games machen zwar viel Spaß, doch kein Spiel der Welt kann dir die Realität ersetzen, die wirklich sehr schön sein kann, wenn man das möchte. Es sei denn, du zockst Minecraft, dann sei es dir verziehen, weil wir selbst danach süchtig sind :D

KAPITEL 13:
DAS INTERNET

Hast du eine Schwester? Oder einen Bruder, der 90 Prozent seiner Zeit im Internet verbringt? Wenn nicht, dann kannst du dich glücklich schätzen. Unsere Schwester nämlich war schon damals ein Suchti, vor etwa sechs Jahren, als man noch sagte: »Internet, das wird nicht lang halten ...«

Als ich das erste Mal vom Internet erfahren habe, habe ich mir nichts dabei gedacht. Damals hatte nur ein einziger Kumpel von mir einen DSL-Anschluss, und ich kam ab und zu bei ihm vorbei, um aktuelle fette Mukke wie DJ Bobo und Backstreet Boys zu hören. Ich hätte nie gedacht, dass irgendwann der Tag kommen würde, an dem ich erst ins Internet gehen muss, bevor ich meine Zähne geputzt oder etwas gefrühstückt habe. Kannst du dir dein Leben ohne Internet vorstellen?

Unsere Schwester saß stundenlang vor dem Computer (was wir damals überhaupt nicht toleriert haben, weil wir um sechs Uhr morgens dieses nervöse Gekloppe auf den Tasten der eh schon ziemlich mitgenommenen Tastatur ertragen mussten) und es kam alle zehn Sekunden ein unglaublich ätzendes Geräusch ...

Kennst du das vielleicht auch? Dieses »A-ou«? Zum Glück haben wir ein paar Jahre später, als wir dann selbst von der Chat-Sucht angesteckt wurden, erfahren, dass man dieses Geräusch eigentlich problemlos abstellen kann. Aber unsere Schwester war entweder zu blond, um das herauszufinden, oder sie hat das Geräusch mit Absicht gemacht, damit wir sie noch mehr hassen, als wir es eh schon getan haben (keine Sorge – heute lieben wir uns, das war nur eine Teenager-Phase, in der man sowieso ein Problem mit der ganzen Welt hat).

Man kennt das ja aus der Praxis, man spricht ein Mädchen auf der Straße an, man fragt sie ganz spontan und aus persönlichem Interesse, ob sie internetsüchtig sei (man würde so ein angenehmes Gefühl empfinden, dass man nicht allein ist), und dann antwortet sie knallhart und ohne nachzudenken: »Nein, ich bin nicht internetsüchtig, seh ich so aus?«

Wir wissen zwar nicht, wie so ein Internetsüchtiger aussehen muss, ob es da irgendein bestimmtes Schema gibt, aber nachdem das Mädchen uns geantwortet hat, zieht sie ihr Smartphone aus der Tasche und checkt ihre Mails. Internetsüchtig? Nein! Internet in der Tasche dabei haben? Normal! Es könnte natürlich sein, dass sie eine Geschäftsfrau ist und ganz dringend ihre Geschäftsmails abrufen muss. Aber warum tippt sie dann die ganze Zeit nur aggressiv auf dem Teil herum und schreit: »Sandra, du dumme Kuh!«

SACHEN, DIE DU IM INTERNET NICHT VERPASSEN DARFST:

• An erster Stelle möchten wir dir natürlich ganz unparteiisch die sinnlosen Videos von diesen zwei dummen Russen empfehlen, die sich DieAussenseiter nennen. Die kannst du dir auf YouTube ansehen. (Kennst du YouTube? Haben wir jetzt einen Headshot für diese Frage bekommen?)

• Außerdem darfst du auf keinen Fall die Seiten verpassen, auf denen man kostenlos Spiele online spielen kann, die eigentlich total scheiße sind, aber da sie ja kostenlos sind, sind sie gleichzeitig auch irgendwie gut. Koschtelos! :D

- Gerate aber auf keinen Fall in die Versuchung, diese bescheuerten Farm-Spiele zu zocken. Wenn wir unsere Schwester dabei beobachten, wie sie virtuelle Kühe füttert, die nicht mal wie gesunde wirkliche Kühe aussehen, und wenn ihr dabei vor lauter Begeisterung fast die Augen aus dem Kopf fallen, dann wird uns schon leicht schlecht.

- Im Internet findest du die geilsten Verschwörungstheorien. Zum Beispiel die, bei der es darum geht, dass die Menschen eigentlich von den Kaninchen abstammen und dass die Regenwürmer irgendwann die Weltherrschaft übernehmen werden.

- Früher musste man gefühlte 70 Jahre studieren, um etwas Großes erreichen zu können. Heute kann jeder Vollidiot mit einer einfachen Idee und der entsprechend genialen Umsetzung bekannt, berühmt, reich oder ausgelacht werden. Jedenfalls hat jeder eine Chance, und hey – vielleicht bist du der nächste Mark Zuckerwald oder der neue Erfinder von Deinkraft.

- Falls du das Chatroulette noch nicht für dich entdeckt hast, solltest du vielleicht auch da mal vorbeischauen. (Die Seite sollte aber mittlerweile wirklich jedem bekannt sein. Sogar den Leuten, die denken, Internet wäre etwas zum Essen.) Auf dieser Seite bekommst du genug Unterhaltung von diversen perversen, halb ausgezogenen oder einfach verrückten Leuten, die sich scheinbar daran aufgeilen, sich vor der gesamten Welt lächerlich zu machen.

- Du kannst mit anderen langweiligen Leuten camen, die genauso wie du einfach nur dumm auf den Bildschirm gucken, ohne dass denen irgendein vernünftiges Gesprächsthema einfällt. Das kann so peinlich werden, dass es schon wieder lustig ist.

Hast du dich schon mal dabei erwischt, wie du beim Surfen im Internet mit deinem Kopf immer weiter nach vorn gehst, als würdest du in den Bildschirm eintauchen wollen auf der Suche nach Nemo? Und falls dir das mal passiert sein sollte, kamst du dir dabei nicht ganz schön dämlich vor?

Für manche ist die Zeit, die man gemeinsam mit der Familie verbringt, geradezu märchenhaft schön. Für andere ist es der reine Horror. Wenn es um Familienveranstaltungen geht, bei denen sich 100 000 Verwandte versammeln, von denen man nur drei Prozent kennt und zu denen einem nur bei einem Prozent der Name einfällt, dann sind wir persönlich zum Beispiel keine großen Fans von dieser Art Menschenauflauf.

Einmal hat mir meine Oma zum Geburtstag gratuliert. Hört sich erst mal ganz schön unspektakulär an, doch das Witzige dabei ist, dass sie mich zwei Wochen nach meinem 18. Geburtstag angerufen hat, mich mit dem Namen meines Vaters angesprochen und mir zum 15. gratuliert hat. Ich habe mich natürlich bedankt und ihr nicht gesagt, dass genau das der Grund ist, warum wir so wenig miteinander anfangen können.

Okay, wir müssen zugeben, dass es bei uns Russen manchmal etwas wilder zugeht. Wenn Russen feiern, dann fangen sie nach einem bestimmten Alkoholpegel an, perverse Spielchen zu erfinden: Eine Gurke zwischen den Beinen von A nach B transportieren, ohne dass sie dir ausrutscht, oder eine Tomate küssen, bis sie dir die Namen deiner zukünftigen Kinder verrät. Okay, das letzte Spiel war natürlich von uns selbst erfunden …

So ungefähr sieht es aus, wenn unsere Familie feiert. Man weiß nicht, wer was ist und wer zu wem gehört …

Und so ungefähr sieht es aus, wenn Aliens feiern! Aber das ist eine ganz andere Geschichte, die wir dir vielleicht ein anderes Mal erzählen :)

FRAGE 8:

Was würdest du mit einer Million Euro machen?

Das ganze Geld spenden ... Auf dein eigenes Konto natürlich!

Ich bin so glückliiiich!

A

Ein Lagerfeuer daraus machen und mit Elefanten übers Feuer springen.

B

C

Alles deiner Freundin schenken, kurz bevor sie in einen Flieger steigt und für immer abhaut!

D

Auf den Mond fliegen, um dort unauffällig einen fahren zu lassen.

Wenn unsere Eltern ankündigen, dass bald wieder eine Feier ansteht, finden wir immer geniale Ausreden. »Ähm, Mum, also ich kann an dem Tag nicht kommen, ich ziehe in den Krieg!« Oder: »Dad, ich bin in Wirklichkeit ein Geheimagent der

NASA und werde ins Weltall geschickt, meine Aufgabe ist nicht einfach … ich muss die Welt retten.«

Wir glauben, unsere Eltern wissen, dass wir uns einfach vor der Verwandtschaft drücken wollen, die zum Großteil sowieso nur wegen des kostenlosen Alkohols zu diesen Feiern erscheint.

Am schlimmsten sind die Verwandten, die nicht einmal deinen Namen wissen und dir etwas über deinen Vater erzählen wollen, als der noch jung war, und dann fangen sie plötzlich an, von einer vollkommen fremden Person zu reden.

Du kannst glücklich sein, wenn es bei dir nicht so abläuft und die Familienfeiern nicht so ätzend sind, dass man sogar mit den Jungs von Tokio Hotel noch lieber rumhängen würde. Am schlimmsten ist auf diesen Familienveranstaltungen sowieso die Musik (bei uns zumindest), da kommt einem echt die Kotze hoch!

WIE DU LANGWEILIGE FAMILIENVERANSTALTUN-GEN ÜBERLEBST:

- Tue so, als würdest du nicht zur Familie gehören, damit keiner versucht dich anzusprechen. Das funktioniert am besten, wenn du in einem Dialekt redest, den keiner versteht.

- Wenn die Alten anfangen zu tanzen, halt dir die Ohren zu und genieße die Show. Es ist schon sehr amüsant zu sehen, wie affenmäßig sich alle bewegen, wenn man die Musik nicht hört. Das ist wahrscheinlich der einzige Spaß bei so einer Feier.

- Finde einen Partner, am besten im gleichen Alter, mit dem du dich über die erwachsenen Gäste lustig machen kannst, indem du ihre Bierbäuche und bescheuerten altmodischen Frisuren auslachst.

- Schau dich nach alten Leuten um und versuche sie davon zu überzeugen, dass du ihr einziger Erbe bist. Man weiß ja nie – sollte es funktionieren, musst du den Gewinn allerdings mit uns teilen. Verstehen wir uns?

Deine Welt sieht aus wie ein schlecht produzierter Zeichentrickfilm?
Versuche einfach mit einem Fachmann zu reden. Er hilft dir … nicht!

KAPITEL 15:
DER ERSTE KUSS

An den ersten Kuss erinnert man sich gewöhnlich noch lange. Ist auch klar, warum. Was gibt es Krasseres als den ersten Kuss? Der erste körperlich intime Kontakt mit einer anderen Person! Kannst du dich noch an deinen ersten Kuss erinnern? Nein, es zählt nicht, wenn dich Mama auf die Backe geküsst hat. Mit dem ersten Kuss meinen wir natürlich den Moment, in dem du zum ersten Mal ein Mädchen oder einen Jungen geküsst hast, weil du sie oder ihn wirklich mochtest. In diesem Moment spüren die meisten Menschen erstmal, wie es ist, wenn im Bauch die Schmetterlinge zu fliegen beginnen.

Wer kam überhaupt auf die Idee, diesen biologischen Vorgang mit Schmetterlingen in Verbindung zu setzen? Bis wir 15 waren, dachten wir tatsächlich, dass Schmetterlinge auf irgendeine komische Art und Weise in unseren Bauch gelangen könnten.

HERBERT SAGT:

Bei meinem ersten Kuss war ich so aufgeregt, dass ich erst einen Saft trinken musste und dann … und dann hab ich aus Versehen auf das Mädchen gespuckt, aber ich glaube sie hat's nicht gemerkt. Na ja, sie hat scheiße geschmeckt, außerdem hatte sie kein Eis für mich. Dumme Kuh! Ghi Ghi!

Es ist übrigens viel cooler, einen eigenen Kusspartner zu haben anstatt sich an anderen Kusspärchen aufzugeilen! Such dir ein Leben, Bro!

Eigentlich wollen sie schnell wieder rauskommen, aber es ist leider zu dunkel und sie schaffen es nicht, und deswegen flattern sie im Bauch durch die Gegend und erzeugen dieses komische Gefühl. Nun, in Wirklichkeit sind es gar keine Schmetterlinge. Wir haben im Bio-Unterricht nachgefragt, und nach dem stark ungläubigen Blick unseres Lehrers ist uns einiges klar geworden. Das seltsame Gefühl entsteht in Wirklichkeit durch ein Zusammenspiel von Hormonen und Nerven, das sich auf Magen und Darm niederschlägt.

Wie überlebst du deinen ersten Kuss? Was musst du beachten? Wie stellst du dich richtig an? Der erste Kuss ist fast genauso wichtig wie der Führerschein, also musst du versuchen, dir den Moment nicht zu versauen. Sonst kannst du später deinen Kindern nichts Schönes darüber erzählen. Im Folgenden stellen wir ein paar Tipps zu diesem Thema zusammen.

WIE DU DEN ERSTEN KUSS ÜBERLEBST:

- Küsse nicht mit offenen Augen! Das könnte der Person, die du küsst, Angst machen. Stell dir vor, du machst deine Augen auf und merkst, dass du die ganze Zeit angestarrt wurdest. Komm schon, das ist unheimlich.

- Bei dem ersten Kuss solltest du nicht gleich die Zunge reinstecken, sonst könnte der Spaß schneller vorbei sein, als du denkst. Du musst die Person erst besser kennenlernen, bevor du intimer wirst. Vielleicht küsst du ja gerade einen gesuchten Zungenabbeißer!

- Saug nicht an den Lippen! Nicht alle sind so pervers wie du!

- Klau deinem Kusspartner nicht seine Essensreste aus dem Mund: Das ist verdammt unhöflich und unhygienisch …

- Bevor du jemanden küsst, solltest du erst deinen Atem checken. Das funktioniert meistens, indem man seine Hand vor den Mund hält, draufpustet und wieder einatmet. Aber den Trick kennst du ja schon, weil du deinen Nikotingeruch immer vor deinen Eltern verstecken musst, stimmt's?

- Wenn dir der erste Kuss nicht gefallen hat, gib nicht sofort auf. Vielleicht hast du dir einfach die falsche Person zum Küssen ausgesucht ... oder das falsche Plakat ... oder den falschen Bildschirm ... oder was auch immer du geküsst hast.

- Küsse am liebsten keine Mädchen oder Jungen, deren Eltern gefährliche Mafia-Kontakte haben. Du willst doch nicht lebendig in eine Mauer einbetoniert oder zu Chicken Nuggets verarbeitet werden :D

KAPITEL 16:
ERSTE DUMMHEIT

Unser Lieblingszitat von einem sehr weisen Mann, an dessen Namen auch du dich eigentlich erinnern solltest (sonst wäre das eine ziemlich peinliche Bildungslücke): »Zwei Dinge sind unendlich, das Universum und die menschliche Dummheit, aber bei dem Universum bin ich mir noch nicht ganz sicher.« Der Satz stammt natürlich von Albert Einstein! Unserer Meinung nach ist menschliche Dummheit genau das, was uns alle ausmacht. Die Dummheit ist etwas, das alle Menschen verbindet, etwas, das wir alle gemeinsam haben. Jeder von uns hat in seinem Leben schon mal etwas Dummes gemacht und anschließend bereut.

ZEIT FÜR EINE KLEINE TRAURIGE GESCHICHTE

Jemand wollte unbedingt wissen, wie Zigaretten schmecken, und obwohl sie ihm kein bisschen geschmeckt haben, hat er hartnäckig weitergemacht und sich dazu gezwungen, eine nach der anderen anzuzünden. Die Kopfschmerzen hat er ignoriert, und irgendwann hat er es erfolgreich geschafft: Er ist abhängig geworden! Ein anderer musste ausprobieren, wie viel Alkohol er trinken kann, bis er bewusstlos auf dem Rasen des Nachbarhofs umfiel und morgens beim Aufwachen feststellen musste, dass er gar keine Hose anhat. So was ist natürlich ganz schön peinlich (aber einem von uns ist etwas Ähnliches tatsächlich mal passiert ...).

Menschen machen immer den gleichen Fehler und können nicht Nein sagen, wenn ihnen jemand Alkohol ins Glas gießt. Und am nächsten Morgen stellen sie sich nur noch die eine Frage: »Warum verdammt noch mal fühle ich mich, als hätte ich gestern meine inneren Organe ausgekotzt?«

Wenn man schlau ist und darüber nachdenkt, kommt man zum Beispiel nach einem Besäufnis zu folgendem Entschluss: »Okay, so etwas wird nie wieder passieren! Darauf gebe ich mein Wort!« Und was passiert zwei Wochen später? Na ja, wir wissen doch alle, wie die Geschichte weitergeht, nicht wahr? Aus der ersten Dummheit wird eine zweite und so weiter ...

Wenn man schon nicht aus den Fehlern der anderen lernt, dann sollte man eigentlich zumindest aus den eigenen Unfällen lernen. Doch was diese kleinen Schwächen angeht – da scheinen wir Menschen ein Problem zu haben. Obwohl wir genau wissen, dass etwas nicht gut für uns ist, machen wir es trotzdem. Als würden wir mit Absicht unserem Körper einen Schaden zufügen wollen. Auch wir haben unsere ersten Dummheiten gemacht.

FRAGE 9:

Was würdest du machen, wenn du unsichtbar wärst?

In eine Disko gehen und den verschwitzen Vollspacken beim Abspacken zusehen

Nackt auf die Autobahn laufen, um mit einem vorbeifahrenden LKW Sex zu haben.

Chuck Norris beim Duschen zusehen oder ihn vielleicht versuchen zu berühren -.-

Auf einen verlassenen FKK-Strand gehen auf der Suche nach Frischfleisch!

Auch wir sind schon mal betrunken auf der Wiese auf dem Bauch eines pummeligen Jungen eingeschlafen. Auch uns fiel es schwer, die erste Zigarette zu rauchen, und wir haben es trotzdem getan. Das alles haben wir zum Glück heil überstanden, und nun können wir stolz drauf sein, dass wir genau wie alle anderen nicht aus den Fehlern von fremden Menschen lernen wollten, sondern die gleichen Dummheiten lieber noch einmal selbst gemacht haben. Wir wollen versuchen, dir ein paar Tipps zu geben, wie du zumindest einige dieser Dummheiten vermeiden könntest.

SO ÜBERLEBST DU DUMMHEITEN, DIE DU BESTIMMT MACHEN WIRST:

- Trink lieber keinen Alkohol, wenn du keinen vertragen kannst, sonst machst du dich nur lächerlich bei deinen Freunden!

Die meisten jungen Leute kommen durch ihre verdorbenen Freunde zu Drogen. Sei kein Mitläufer und fang nicht etwas an, was du später bereuen wirst. Man sagt nicht umsonst, dass Drogen schlecht sind!

- Halte dich von Leuten fern, die dir vorschlagen, in die Schule einzubrechen, auf den Boden im Direktorzimmer zu scheißen und einen Zettel dazulassen, auf dem steht: »Dieser Igel wohnt ab jetzt hier!« So etwas endet nie gut.

- Steige nie in das Auto deiner Freunde ein, wenn sie eine Leiche dabei haben. Mach auch keine Fotos mit der Leiche, um sie anschließend auf Facebook einzustellen! Stell dir vor, es gibt Leute, die so einen Spaß nicht verstehen würden ...

- Mische nie mehr als drei verschiedene Alkoholarten zusammen, wenn du vermeiden willst, dass die Ameisen auf dem Boden plötzlich anfangen zu reden, während sie dich mit ihren unheimlichen Augen anschauen.

Einmal habe ich Tequila und Bier gemischt ... An dem Abend habe ich mindestens an 15 verschiedenen Personen die Reste meines schönen Frühstücks verteilt, was übrigens auch meine einzige Mahlzeit an dem Tag gewesen ist. Seitdem trink ich nie mehr, als ich vertragen kann ...

- Leih niemals jemandem etwas aus, dem du nicht vertraust. Viele Menschen besitzen die Fähigkeit, andere Menschen mit ihrem Charme zu beeinflussen. Wenn man nicht erkennt, dass man gerade verarscht wird, lässt man sich dann schnell ausnutzen. Achte auf die Augen, denn Augen können nicht lügen!

- Eine Zigarette besteht aus mehr als 3800 chemischen Verbindungen. Die meisten sind lungengängige Feinstaubpartikel. Über 200 davon sind giftig, und mindestens 40 davon sind krebserregend. Außerdem macht das Küssen nach dem Rauchen keinen Spaß. Wer will schon einen Aschenbecher küssen? Nicht zu vergessen – Kippen werden immer teurer.

- Nein, es ist nicht lustig, Auto ohne Führerschein zu fahren ... Okay, das ist schon lustig, aber nur bis man erwischt wird. Dann ist es nur noch lustig für die anderen, die schlauer waren und jetzt mit Führerschein fahren, während du Nachhilfe nimmst. Denk einfach ein bisschen drüber nach, ob sich die Sachen lohnen, die du machst :)

KAPITEL 17:
DAS GESICHTSBUCH

Das ist uns eigentlich der größte Misthaufen im Auge (oder wie sagt man das?). Dieses Gesichtsbuch, bei dem mittlerweile jeder angemeldet ist (wir wurden sogar schon von irgendwelchen Pferden und Hunden angeschrieben und von Miley Cyrus und Justin Bieber persönlich ... Zumindest waren sie auf den Profilbildern drauf). Jeder hat die Möglichkeit, sich bei den sozialen Netzwerken anzumelden, und fast jeder nutzt diese Möglichkeit anscheinend auch.

Am meisten regt mich bei Facebook auf, wenn mir irgendwelche Leute Freundschaftsanfragen schicken und dann nicht mal etwas schreiben. Sie wollen mich nur in ihrer Freundesliste haben, als wäre ich ein Pokémon zum Sammeln: »Guck mal, ich hab den da!«

»Ha ja, der Andi ist auch bei Facebook, dat muss isch mir au machen!« Jeder will sein verschissenes langweiliges Leben, das keinen interessiert, mit anderen teilen und kommentieren und bewerten. Manche Facebook-Junkies schaffen es, alle paar Sekunden einen Pinnwandeintrag mit sinnvollem Inhalt zu erstellen (»Mein Fuß hat ganze fünf Zehen, lol!«). Jeder arme Vogel will virtuelle Freundschaftsanfragen verschicken und seine Profilbilder am besten so schnell wechseln, dass es gar keiner mehr mitbekommt. Man kriegt das Gefühl, dass die Gier nach Aufmerksamkeit bei manchen Menschen größer ist als der Drang zur Befriedigung der banalsten Bedürfnisse – wie zum Beispiel Eva Longoria ins Bett zu bekommen (Wer übertreibt? Du?).

»Ich habe Hunger, aber kein Bock aufzustehen«, schreibt die 11-jährige Melanie auf ihrem frisch mit illegal heruntergeladenen Fotos von Selena Gomez frisierten Facebook-Account. Und 17 Personen gefällt das auch noch. Aber logisch, die haben auch keinen Bock, ihren Arsch in irgendeine Richtung zu bewegen, denn da draußen, im realen Leben, könnte ja noch etwas passieren, man könnte ja irgendwelchen echten Personen begegnen und echte Gefühle haben. Und das wäre natürlich viel zu anstrengend. Wie krank ist das denn?!? Die Leute bleiben lieber im Internet und beschweren sich über alles und jeden – ohne wirklich etwas zu unternehmen.

Wir haben diese ganze Facebook-Bewegung lange genug beobachtet und festgestellt, dass cirka 93 Prozent von dem, was auf Facebook gepostet wird, eigentlich keine Sau interessiert. Zum Beispiel:»Ich guck' grad fern.« Schön! Jetzt geh doch mal auf die Straße und sag zu jemandem:»Ich hab grad ferngeguckt.« Der Mensch wird dich ignorieren oder für verrückt erklären, weil du ihn mit einer so dermaßen unnötigen Information belästigst.

HERBERT SAGT:

Ich liebe Facebook, weil man da so viele Fotos reinmachen kann, wie man will. Ich mache gerne Fotos … Von meinem Bruder … Beim Duschen … Ghi Ghi! Ich habe schon ganze zwei Freunde auf Facebook: Der eine heißt Mark Zuckerberg und der andere David … Ey, warte, das ist doch mein Bruder?!?

WIE DU FACEBOOK ÜBERLEBEN KANNST:

- Hör auf, irgendwelche Leute auf irgendwelche beschissenen Fotos zu verlinken, auf denen diese Leute dann gar nicht drauf sind ...»Du wurdest auf dem Foto von ... Spast ... markiert«, – dann geht man da drauf und sieht wildfremde Menschen oder auch bloß Tiere. Sehen wir aus wie Tiere, dass man uns damit in Verbindung setzt, oder haben ein paar Leute einfach, Entschuldigung, den Arsch etwas zu weit offen?

- Hör auf, deinen Beziehungsstatus alle fünf Minuten von »single« auf »vergeben« und von »vergeben« auf »single« zu ändern. Das ist eine ganz billige Art, an Aufmerksamkeit zu bekommen.

- Meinst du echt, dass es cool ist, sich mit irgendwelchen teuren Sachen fotografieren zu lassen? Mein Auto, mein Kamin, mein Flugzeug, mein Krokodil mit meiner Oma zwischen seinen Zähnen. Keiner mag Angeber!

- Wenn du schon pornografische oder brutale Bilder auf deiner Pinnwand verlinkst, dann sollte dir wenigstens bewusst sein, dass du damit auch rechtlich verantwortlich bist. Was ist daran lustig, Fotos von einem gefakten erschossenen Justin Bieber zu posten? Ist das witzig? Nee! Egal, ob man den mag oder nicht, das ist einfach menschlich die unterste Schublade.

- Wenn du einer von denen bist, die diese verkackten Rundmails mit 100 Empfängern rumschicken, geh einfach auf die Brücke und spring rückwärts runter auf Beton und sing ein Lied von Florian Silbereisen, wenn du gelandet bist!

Stell dir mal vor, in 20 Jahren wäre die Technologie so weit, dass man bei jedem Mensch eine digitale Sprechblase neben seinem Schädel sieht, in der seine Facebook-Informationen angezeigt werden: Name, Alter, Beziehungsstatus, Sexvorlieben, Adresse, Kontonummer mit PIN, Gedanken und weitere Informationen (je nachdem, was man über die Person wissen will). Das wäre doch mal nett oder nicht?

KAPITEL 18:

DIESE SCHULE ROCKT

NICHT!

Man stellt fest, dass Schule ätzend ist: schlechte Noten, schlechte Lehrer, schlechte Sitzplätze, schlechte Farbe an den Wänden, schlechte Mitschüler (manche von denen könnten sich echt etwas öfter waschen und sich mal die Zähne putzen). Die Eltern stressen, weil sie der Meinung sind, dass Schule wichtig ist, aber das kannst du beim besten Willen nicht nachvollziehen.

Erst im Anschluss an deine Schulzeit sagst du dann möglicherweise: »Damals hätte ich vielleicht etwas mehr aus mir rausholen können.« Aber noch bist du ein Teenager und würdest lieber draußen abhängen, anstatt im Klassenzimmer zu sitzen und dich mit diesem Pythagoras zu beschäftigen. »Mann, ich will doch nur chillen«, formulierst du im Kopf die Devise deiner ganzen Generation …

Und dann stellst du dir eine berechtigte Frage: »Wer hat sie überhaupt erfunden, diese Schule?« Tja, wer eigentlich? Man könnte vermuten, dass die Eltern die Schule eingeführt haben, weil sie ihre Kids für zumindest ein paar Stunden des Tages loswerden wollten. Als die Kinder noch klein waren, konnten die Eltern einfach sagen: »Geh doch mal nach draußen spielen!« Das funktionierte eine ganze Weile, bis eines Tages ein neuer Plan nötig wurde, weil die kleinen Menschen allmählich ihre eigenen Interessen entwickelten – oder vielleicht auch keine Interessen entwickeln, sondern den ganzen Tag bloß herumzugammeln begannen, ohne etwas Sinnvolles zu tun.

Irgendwann kamen die Eltern auf eine geniale Idee: »Hey, Leute, ich weiß jetzt endlich, wie wir die Kinder loswerden. Wir lassen sie in ein bunt gestrichenes Haus gehen, in dem sie sechs bis zehn Stunden lang sitzen und sich von sehr gestressten Leuten, die wir Lehrer nennen, volllabern lassen müssen. Und wartet, das Beste kommt noch! Sie bekommen Hausaufgaben auf, damit sie auch an den Abenden beschäftigt sind! Das ist genial!«

Die Idee ist tatsächlich genial – aber nur aus der Sicht der Eltern. Der Rest, nämlich die Schüler und Lehrer, hassen die Schule mehr als Herpes!

Manchmal kommt man sich im Klassenzimmer vor, als würde man in einem Actionfilm mitspielen. Jeder Mitschüler und auch die Lehrer verwandeln sich in Monster und Schlimmeres. Und dann wachst du auf und musst zum Direktor gehen!

SO ÜBERLEBST DU DIE LANGEWEILE WÄHREND DER SCHULZEIT:

- Gib jedem aus deiner Klasse einen Spitznamen und lach ihn heimlich aus, weil er oder sie für dich ab jetzt nur noch Hans-Peter-Bockwurst, Klara-Jaquelina Schimmelpelz oder Justin-Miguel Pinguinowski heißen!

- Auch wenn du ein Streber bist, musst du mindestens einmal die Schule schwänzen. Das ist ganz wichtig! Sonst lernst du nie dieses geile Gefühl kennen, bei dem man gleichzeitig Angst hat und übertrieben glücklich ist.

- Versuche doch mal, irgendeinen neuen Trend zu setzen, nach dem die ganze Schule verrückt wird. Das ist echt nicht schwer, das sind meistens die einfachsten Sachen, man muss nur versuchen, anders zu sein als der Rest. Vielleicht schaffst du es, zum beliebtesten Typen der Schule zu werden, das gibt ordentlich Selbstvertrauen. Und Selbstvertrauen ist wichtig fürs weitere Leben!

- Unterhalte dich mit anderen, werd nicht zum Außenseiter, wie es uns passiert ist. Es ist interessant, andere Menschen kennenzulernen und zu erfahren, welche Interessen und Lebenseinstellung sie haben. Gute Gespräche mit anderen machen deine Seele glücklich, ohne dass du es merkst. Vertrau uns! Das ist ein echt guter Tipp!

- Versuch einfach das Beste aus dem rauszuziehen, was du hast. Suche nie nach Ausreden: »Ach, die Schule ist scheiße! Die anderen Leute in der Klasse sind scheiße! Die Lehrer sind scheiße!« Sei positiv, sei gut gelaunt, verbreite deine gute Laune auf andere Menschen, und du wirst merken, dass es dir besser tut, als negativ geladen zu sein.

Das bist du, wenn du nach der Pfeife der anderen tanzt. Es gibt Menschen, die dir sagen wollen, was du zu tun hast und was du besser machen musst. Sie machen dich zum Versuchskaninchen! Wehre dich mit positiver Energie dagegen! Zeig allen, dass sie keine Ahnung haben, wenn sie sagen: »Das solltest du lieber lassen, das wirst du eh nicht schaffen!« Beweise das Gegenteil!

KAPITEL 19:
INTERNETSUCHT

Wenn du viel bis abnormal viel Zeit im Internet verbringst, und mit »abnormal viel« meinen wir natürlich einen richtig krassen 24/7 Internetkonsum (24 Stunden am Tag, 7 Tage die Woche – so wie es beispielsweise bei uns beiden der Fall ist), dann solltest du anfangen, dir Sorgen zu machen. Dieses Problem wird von den meisten Menschen unterschätzt oder erst gar nicht wahrgenommen.

Ich bin definitiv nicht internetsüchtig, denn ich verbringe nicht mehr als 7 Stunden am Tag im Internet. Dabei mache ich nur ganz wichtige Dinge, die mit Arbeit zu tun haben: Ich suche nach hübschen Mädchen ... Ey, ich brauch die als Darstellerinnen in meinem neuen Film (nein, das wird kein Porno, ihr Ferkel!).

Doch wenn man genau hinsieht, kann man den Maßstab der Katastrophe erkennen. Da wir ja selbst sehr viel im Internet unterwegs sind und uns dafür interessieren, welche Leute unsere Videos anschauen, bekommen wir eben mit, wie viele 13- bis 16-Jährige um fünf Uhr in der Früh noch vor ihren Kisten hocken und mit Lichtgeschwindigkeit von einer Social-Community in die andere springen. Die Leute vergewaltigen anscheinen ihre F5-Tasten und aktualisieren ihren Browser immer wieder aufs Neue, damit sie auch ja auf dem letzten Stand der sinnlosesten Informationen der Welt bleiben.

Wenn wir uns bei Facebook einloggen, dann sehen wir all die Pinnwandeinträge unserer Fans. Was da so alles gepostet wird … Das ist teilweise schon krass – zu etwa 90 Prozent bestehen die Beiträge tatsächlich aus Müll.

»Alles ist doof!«, »Mir ist langweilig« oder »Schule ist ätzend« sind nicht unbedingt interessante Informationen, die man mit der ganzen Welt teilen müsste. Und warum dürfen überhaupt Kids mit elf Jahren schon bei solchen Communitys angemeldet sein? Wenn man so früh den ganzen Tag vor dem Computer sitzt, ist es natürlich kein Wunder, dass man irgendwann vom Internet süchtig wird.

Laut einer Statistik sind ganze 8,2 Prozent der männlichen und 6,0 Prozent der weiblichen Jugendlichen unter 18 Jahren internetsüchtig. Die Folgen der Internetsucht können dramatisch sein: Depressionen, Suizidgedanken oder eine falsche, gestörte Wahrnehmung der Realität.

Auch wenn wir selbst viel im Internet arbeiten und deshalb vielleicht nicht sonderlich überzeugend klingen, wollen wir es trotzdem versuchen und dich vor dem Internet warnen. Wenn einem gerade langweilig ist, dann ist das Internet ne geile Sache, um die Zeit totzuschlagen. Lass es aber nicht zu, dass dein virtuelles Leben über dein wirkliches Leben die Kontrolle gewinnt!

TIPPS, DIE DIR DABEI HELFEN SOLLEN, NICHT INTERNETSÜCHTIG ZU WERDEN:

- Geh doch einfach nicht online! Genieße dein normales Leben, ohne dich durch die virtuelle Realität verwirren zu lassen.

- Okay, du bist schon drin … Dumm gelaufen. Aber noch ist nicht alles verloren. Geh einfach schnell wieder raus: Atme tief durch, schließe den Browser und mach am besten die Kiste komplett aus.

- Hör auf, dir Freunde übers Internet zu suchen. Warum probierst du es nicht einfach mit den Menschen aus deiner Umgebung. Im Internet sind sowieso zu 70 Prozent nur Fakes unterwegs, verschwende keine Zeit mit kranken Leuten!

- Verbringe am besten nie länger als eine Stunde im Internet. Versuch einfach nicht zu viel im Netz rumzuhängen. Man gewöhnt sich schneller dran, als man denken kann.

Internet fasziniert, da man seine Gedanken und Gefühle mit anderen Teilen kann. Man hofft, dass man andere Leute findet, die auf der gleichen Welle schwimmen. Man möchte schnellstmöglich an die wichtigsten Informationen kommen (zum Beispiel: wen Justin Bieber als Letztes geküsst hat). Leider wird das Internet für viele zum Gefängnis, weil sie mit der Zeit verlernen, die schönen Dinge im richtigen Lebens wahrzunehmen. Und das ist verdammt noch mal nicht cool!

- Such dir einen festen Freund oder eine feste Freundin: Sex ist besser als Internet, und für die Flatrate musst du nichts zahlen :) Nur lieb sein!

- Besorge dir eine Kuh, die du melken kannst! Du denkst dir gerade: »Was soll ich denn mit einer Kuh? Wieso eine Kuh?« Okay, wir sind selbst etwas verwirrt :D Wie kommen wir denn jetzt auf die Kuh?

- Geh auf wie-werde-ich-nicht-internetsüchtig.de, und was siehst du? Richtig – diese Seite existiert nicht ... Also bist du verloren!

KAPITEL 20:
FREUNDESKREIS

»Meine Freunde sind alles, was ich habe!«, sagen viele und haben eigentlich noch niemals darüber nachgedacht, was eine wahre Freundschaft überhaupt bedeutet. Es muss nicht gleich eine Freundschaft sein, wenn man mit jemandem gemeinsam angefangen hat, Zigaretten zu rauchen oder Scheiße zu bauen. Freundschaft ist, wenn einer für den anderen da ist, sobald der ihn gerade braucht.

Wir sind schon oft von Leuten enttäuscht worden, von denen wir dachten, sie seien unsere Freunde. Aber solche Erfahrungen sind kein Grund, den Kopf hängen zu lassen. Egal, ob wir positive oder negative Dinge erleben, die Erfahrungen bereichern unsere Seele und erweitern unser Bewusstsein. Es gehört alles zum Leben dazu. Man muss lernen, die Dinge zu akzeptieren.

Oftmals haben wir uns in Menschen getäuscht, weil wir einen falschen Eindruck von ihnen gewonnen hatten oder weil diesen Menschen gar nicht klar war, was Freundschaft eigentlich bedeutet. Ja, wir hatten viele Sauf-Kameraden, mit denen wir uns in unserer Jugendzeit auf eine Bank gesetzt und völlig sinnlos eine Flasche Bier nach der anderen getrunken haben. Wir haben ständig darüber gequatscht, was wir noch alles erreichen würden, ohne darüber nachzudenken, dass man, wenn man etwas erreichen will, auch etwas dafür tun muss.

Man versteht erst mit der Zeit, wie ein wirklicher Freund sein soll und was ein Freund zu verändern in der Lage ist. Erst wenn man richtige Freunde gefunden hat, kann man sich glücklich schätzen – man hat nun jemanden, der einen liebt und schätzt. Außerdem sind Freunde für dich da, um dich vor Fehlern zu beschützen, die zu deinem unmittelbaren Tod führen würden, wenn du nicht davon abgehalten würdest. Du wirst vermutlich zwar denken: »Jetzt übertreibt ihr, Jungs!« Aber das ist unser voller Ernst!

Sei vorsichtig bei der Wahl deiner Freunde. Leute, die dich nicht vom Herzen so akzeptieren, wie du bist, können sehr gefährlich für dich sein. Sie können dich falsch beeinflussen, indem sie versuchen, dich nach ihren Vorstellungen zu verändern. Und auf die Art werden sie dich daran hindern, glücklich zu sein.

Von solchen Leuten solltest du Abstand halten, das sind wahre Ausnutzer! Die meisten von denen geben sich nach außen ganz lieb und verständnisvoll. Aber teste sie doch mal und bitte sie um Hilfe. Beobachte dabei ihren Blick, ob sie nicht anfangen mit ihren Glubschaugen wie auf einer Autobahn hin und her zu fahren. Lass dich niemals von diesen Leuten ausnutzen, denn sie werden dich früher oder später nur verletzen.

TIPPS FÜR EINE GESUNDE FREUNDSCHAFT:

- Freundschaft ist wie eine Beziehung – man muss Freundschaften pflegen und sich um die Freunde kümmern. Wenn du das nicht tust, musst du dich nicht wundern, wenn eines Tages plötzlich all deine Freunde weg sind …

- Mit deinen Freunden kannst du über alles reden. Vor seinen Freunden muss man sich nicht schämen. Wenn es etwas gibt, über das du zum Beispiel nicht mit deiner Familie reden kannst und zu dem du aber trotzdem das Gefühl hast, es unbedingt loswerden zu müssen, dann sollten deine

Wir mussten oft die Erfahrung machen, dass viele Menschen eine ganz lustige Vorstellung von der Freundschaft haben. Wir haben Leute kennen gelernt, die, nachdem wir uns ein paar mal getroffen haben, dachten, wir wären jetzt Freunde. Unsere Eltern haben uns allerdings andere Werte mitgegeben. Freundschaften entstehen für uns nicht von einer Sekunde auf die andere, als würde man sich eine App ruterladen. Freundschaften entstehen für uns durch allmähliches Kennenlernen, durch gemeinsame Interessen und Vorstellungen, durch vom anderen Verständnis und wirkliche Sympathie.

Freunde eigentlich die perfekten Ansprechpartner sein. Ein wahrer Freund würde dich niemals wegen etwas verurteilen, das du vielleicht ausgefressen hast. Wenn du selbst den Fehler einsiehst, würde er dich stärken und dir Kraft und Motivation geben.

- Über Freunde lästert man nicht, auch wenn sie sich geschmacklos anziehen und einen unangenehmen Mundgeruch haben. Findest du nicht, dass es besser ist, deine Meinung dem Freund einfach direkt ins Gesicht zu sagen, auch wenn das vielleicht auf den ersten Blick etwas unhöflich ist? Offenheit ist immer ehrlich, und Ehrlichkeit ist in jeder Beziehung wichtig – und das Gleiche gilt natürlich auch für die Freundschaft.

- Ein kluger alter Mann, der bestimmt einen stylischen Bart und einen lustigen Hut hatte, sagte mal:»Du kannst dich glücklich schätzen, wenn du an deiner Hand fünf Freunde abzählen kannst.« Wir können dem aus eigener Erfahrung nur zustimmen: Man braucht nicht viele oberflächliche Bekannte, sondern eher ein paar richtige Freude, die einem von Herzen nahestehen. Dann bist du reicher als Britney Spears und Kim Kardashian. (O.K., den letzten Teil haben wir hinzugefügt, weil wir unbedingt damit angeben wollten, die Namen dieser großartigen Wissenschaftler zu kennen – Kim Kardashian hat irgendwas mit Luftballons erfunden, soweit wir wissen …)

- Es ist besser, einen Freund zu haben als einen WOW-Account. Der kann dich nämlich nie umarmen und trösten.

KAPITEL 21:

WENN TRÄUME FLIEGEN LERNEN

Jeder Mensch ist unserer Meinung nach selbst dafür verantwortlich, seine Bestimmung im Leben zu finden. Jeder sollte seine persönlichen Träume und Vorstellungen verwirklichen, damit er als Belohnung sein Leben in vollen Zügen genießen kann. Ein solches Leben ist dann nämlich das größte Geschenk des Universums. Jeder von uns hat seine Träume, und jeder von uns beschäftigt sich mit den gleichen Fragen. Wo kommen wir alle her? Wie ist die Welt entstanden? Wohin geht die Reise? Was ist meine Rolle im Spiel des Lebens?

Hast du zum Beispiel schon mal darüber nachgedacht, warum manche Menschen talentiert sind und andere nicht? Oder warum es alle zehn bis zwanzig Jahre solche Genies gibt wie Albert Einstein, Bill Gates oder Mark Zuckerberg, die mit ihren innovativen Ideen der Welt die Augen öffnen?

Nun ja, diese außergewöhnlichen Menschen gab es und wird es immer geben. Uns interessiert aber eigentlich eine ganz andere Frage. Ist es denn wirklich so, dass nur wenige Menschen ein besonderes Talent besitzen, oder hat möglicherweise jeder von uns ein verborgenes Talent? Können wir vielleicht unser wahres Talent oftmals nur deshalb nicht entdecken, weil unsere Umgebung uns daran hindert? Das ist wirklich sehr interessant und so geheimnisvoll ...

Wenn wir beide im Leben etwas verstanden haben, dann dass zwischen uns Menschen und dem Universum irgendeine Verbindung besteht. Es ist wie in diesen ganzen Science-Fiction-Filmen, in denen die Menschen an der Seite von irgendwelchen sprechenden Fröschen gegen die bösen Mächte des Universums kämpfen. Wir Menschen denken uns nicht umsonst derartige Geschichten aus. Wenn man nachts in den Himmel starrt, sieht man, dass es Tausende andere Sterne gibt, und es wäre wirklich dämlich zu denken, wir wären ganz allein im Universum.

Als ich ein kleiner Junge war, musste ich in der Schule einen Aufsatz schreiben: »*Was möchte ich werden, wenn ich groß bin!*« *Ich habe geschrieben, dass ich unbedingt Regisseur werden will oder etwas mit Film und Animation machen möchte. Ich habe ja immer schon so gern gezeichnet. Natürlich wurde ich erstmal fett von meiner Klasse ausgelacht, die zu 90 Prozent aus Russen bestand, die KFZ-Mechaniker werden wollten (oder die Mädels eben Bürokauffrau oder Frisöse). Warum fällt es den Menschen so schwer, an ihre Träume zu glauben? Warum beschäftigen sich viele ein Leben lang mit Dingen, die sie eigentlich gar nicht faszinieren?*

Wir ahnen zwar, dass es da draußen etwas gibt, dass wir nicht allein sind und jeder von uns eine Bestimmung im Leben zu erfüllen hat. Aber viele Leute versuchen gar nicht wirklich herauszufinden, worin diese Bestimmung besteht. Unser Leben sollte eigentlich so aussehen, dass wir den richtigen Weg zu finden versuchen und uns mit Dingen beschäftigen, die unseren Geist bereichern. Stattdessen sind wir lieber am Gammeln und Lästern und beschweren uns ständig, wie unspannend das Leben doch ist. Dabei verpassen wir im selben Moment die spannendsten Sachen!

WARUM MENSCHEN TRÄUME HABEN:

- Vielleicht sind es Zeichen, die uns aus dem Universum geschickt werden. Unsere Aufgabe wäre es dann, diese Zeichen zu entschlüsseln, sie in unsere Sprache zu übersetzen und die Botschaften zu verstehen. Vielleicht ist der Gedanke auch etwas übertrieben und wir sollten weniger Science-Fiction-Serien anschauen.

- Eine andere Theorie: Im Schlaf projizieren wir unsere Wünsche in Form von bildhaften Vorstellungen. Vielleicht sehen wir im Traum Sachen, die wir gern mal erleben würden, wir stellen uns vor, was wir gern mal wären …

- Vielleicht sind Träume aber auch nur so eine Art PayTV, das von hochkomplizierten Chips ausgestrahlt wird, die uns von bösartigen Robotern nach unserer Geburt im Gehirn eingepflanzt worden sind. Und wenn wir sterben, bekommen wir die Endrechnung: Je mehr Träume wir empfangen haben, desto höher ist die Gebühr. Und schon wieder übertreiben wir ein bisschen … oder vielleicht nicht?

HERBERT SAGT:

Ich hatte mal einen Traum, in dem ich ganz, ganz viel Geld hatte … Und dann habe ich mir ganz viel Eis gekauft. Ghi … Ghi …
Und dann hab ich mir so viel Eis gekauft, dass es nicht mehr in mich reingepasst hat … Ghi … Und dann bin ich geplatzt! Ghi … Ghi …
Warte, das ist nicht lustig oder?

Dem ganzen Stress entfliehen und einfach in seine Fantasie eintauchen. Dazu sollte jeder Mensch ausreichend Gelegenheit haben. Unsere Seele braucht wie der Magen ganz viel Futter. Lass deine Seele nicht hungern und träume, so viel du kannst!

KAPITEL 22:

PUBERTÄT UND SEXUALITÄT

Was ist los mit mir? Warum interessiere ich mich plötzlich für das, was sich zwischen meinen Beinen befindet und wie das funktioniert? Jeder malt sich in seiner Fantasie ein eigenes Bild davon, wie das Ganze so ablaufen könnte, also dieser Sex ... Warum reden alle großen Jungs immer nur von dem einen? Und wie fühlen sich eigentlich diese Dinger an, die von dem anderen Geschlecht?

Irgendwann bringt ein guter Kumpel einen Pornofilm vorbei und kommentiert das Geschehen bis ins letzte Detail, weil er sich den Streifen am vorherigen Abend schon 37-mal hintereinander reingezogen hat. Du fragst natürlich: »Und wieso treibt man diese ganzen Schweinereien?« Und der Kumpel erklärt, dass auf diese Weise Kinder gemacht werden und dass die Leute einen großen Spaß haben bei dem, was du da im Film siehst, und dass man das auch einfach so tut, ohne Kinder zu wollen. Deine nächste Frage ist logischerweise folgende: »Heißt das, unsere Eltern haben das auch gemacht, damit wir auf die Welt kommen? Igitt!!!«

HERBERT SAGT:

Ich habe gestern etwas entdeckt ... Das befindet sich in meiner Hose ... Ghi Ghi ... Und dann habe ich bei den Pornos von meinem Bruder gesehen, was man damit machen kann ... Ghi ... Das ist so lustig, wie Mädchen ihr Gesicht verziehen und »Aaah!« schreien. Ghi!

Welches Haustier würdest du am liebsten haben?

Eine modische Giraffe, die nichts anderes macht als »Yo!« zu sagen.

Das Ding aus einer anderen Welt mit einem gruseligen kotzenden Rüssel auf dem Kopf!

Einen rauchenden Affen mit musikalischer Begabung und verrückten Augen.

Eine ganz liebe Katze (inklusive dem vor ein paar Sekunden von ihr getöteten Fisch).

Ab jetzt sieht für dich die Realität ganz anders aus. Dein Interesse am Sex wird immer größer, schon allein weil das etwas Verbotenes zu sein scheint. Was ist das wohl für ein Gefühl, wenn man das macht, was du in dem Film gesehen hast? Im Freundeskreis fängt das Wettrennen an …

Wer hat als Erster Sex? Natürlich ist derjenige King, der das Rennen gewinnt. Er kann damit vor der ganzen Vogeltruppe angeben, und ihr glaubt ihm jedes Wort. »Sie hat mir dies und das ... und ich dann so ... und sie zu mir ...« Und die Vogeltruppe sagt nur: »Ja, ja ja!«

Die Gespräche der Mädchen sehen vermutlich auch nicht wesentlich anders aus. Beide Geschlechter machen eine schwere Zeit durch. Deshalb stellen Jugendliche während der Pubertät auch manchmal dumme Dinge an, die sie später nicht mal sich selbst erklären können.

Als ich den ersten Porno gesehen habe, war es mir ehrlich gesagt ziemlich unangenehm. Es waren noch cirka 13 andere Jungs dabei, die den Streifen angefeuert haben, als wäre es ein neuer Teil der Star-Wars-Reihe. Einige von denen haben sich angehört wie stöhnende Esel ...

Man sagt ja, dass Mädchen schneller erwachsen werden als Jungs. Und was die Sexualität angeht, werden sie tatsächlich meist viel schneller aktiv. Was die Mädchen aber nicht wollen, sind Jungs in ihrem Alter. Sie wollen meistens gleich Jungs mit Erfahrung und einem Führerschein.

Deswegen ist für die meisten Jungs unter 18 Jahren die Loser-Zeit angesagt – es sei denn, sie sind schlau und befolgen unsere Tipps. Mit ein bisschen Glück gelingt es dann sogar, ein Mädchen abzubekommen! Jungs, ihr müsst gut aufpassen, denn es folgen jetzt ein paar sehr vertrauliche Informationen.

Zum Glück bekommen die Mädels gerade nicht mit, worüber wir uns unterhalten ... nicht wahr? Mädels, ihr solltet überigens die Jungs in eurem Alter gar nicht unterschätzen ... Romantik gibt's nicht nur in Filmen, man muss bloß in der Lage sein, die romantischen Dinge auch im echten Leben zu erkennen.

SO ÜBERLEBST DU DIE SCHWERE ZEIT, DIE SICH PUBERTÄT NENNT:

- Hör auf, die Teile anzufassen, gesundes Interesse ist ja okay, aber man muss ja nicht gleich übertreiben. Wenn sie rot werden, ist es ungesund. Außerdem ist es peinlich, dem Arzt zu erklären, wie die Schürfwunden zustande gekommen sind …

- Sei dir wenigstens im Klaren darüber, dass du dumme Sachen anstellst, anstatt auf deine Eltern böse zu sein, nur weil sie versuchen, dich vor Fehlern zu schützen. Sie folgen nur ihrem natürlichen Instinkt des Beschützers. Menschen sind auch nur Tiere!

Besonders nervig wird es, wenn sich deine Stimme beim Stimmbruch anhört, als wärst du eine billige Kopie von Justin Bieber! Dabei kannst du weder singen noch tanzen, noch hast du eine andere besondere Fähigkeit, mit der du punkten könntest. Das ist echt ätzend!

- Jungs, lernt lieber reale Mädchen kennen und hängt nicht auf diesen merkwürdigen Internetseiten rum, auf denen sich Frauen für Geld ausziehen. Echte Liebe ist viel schöner! Hört nicht auf andere Jungs, die nur vom Bumsen reden, aber noch nie mit einer Frau zusammen waren.

- Mädels, ihr müsst nicht so tun, als sollten die Jungs erst einen Berg besteigen und dort euren Namen in den Schnee pinkeln, damit ihr sie endlich mal ranlasst. Seid doch ein bisschen menschlicher, ihr habt doch auch Gefühle, oder nicht?

- Versuche dich mal bei deinen Eltern über Sex zu informieren. Nicht, weil sie dich gut beraten würden, sondern weil sie sich aus Verzweiflung die dämlichsten Geschichten einfallen lassen werden. Das ist einfach unglaublich amüsant!

Party hier, Party da. Meist kennt man die Leute nicht mal, bei denen man zu Hause in die Schublade kotzt. Meist schämt man sich nicht mal dafür, weil man denkt »Das wird niemals jemandem auffallen ... Das stinkt doch kein bisschen!« Diese verrückte Jugendzeit :D

TEST-AUFLÖSUNG

Der Test, mit dessen Hilfe wir ermitteln wollten, wie groß die Gefahr für deine Existenz ist, ist abgeschlossen! Und jetzt wollen wir dir etwas verraten. Bei jeder Frage gab es eine falsche Antwort, und zwar die Antwort »B«. Diese Antwort ergab am wenigsten Sinn, und nur jemand mit einem kompletten Dachschaden würde hier sein Kreuzchen gemacht haben. Solltest du mehr als fünf Mal mit »B« geantwortet haben, würden wir uns an deiner Stelle sofort im Keller verstecken und nie wieder da rausgehen. Du bist so richtig am Arsch! Der Rest kann eigentlich chillen :) Zumindest bis zum Ende der Welt, da müsst dann auch ihr draufgehen!

> »Der schwarze Punkt an der Wand!« Ausgezeichnet mit acht Oscars und einem Arschtritt.

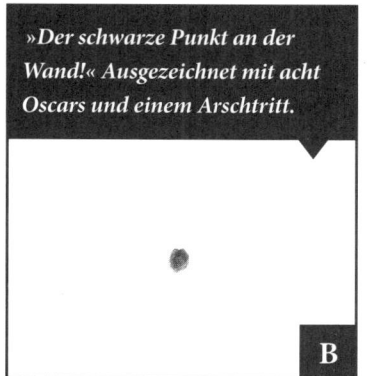

B

> Ein unwichtiges namenloses Opfer, welches als Erstes vom bösen Wolf aufgefressen wird.

B

> Deine verdammte Bude und dich selbst in die Luft jagen. Gar keine so schlechte Idee, was?

B

> Ein Lagerfeuer daraus machen und mit Elefanten übers Feuer springen.

B

> Nackt auf die Autobahn laufen, um mit einem vorbeifahrenden LKW Sex zu haben.

B

> Das Ding aus einer anderen Welt mit einem gruseligen kotzenden Rüssel auf dem Kopf!

B

KAPITEL 23:
ERSTER SEX

Wir wollen natürlich niemanden enttäuschen und auch nicht die Vorstellung davon kaputt machen, wie toll der erste Sex wohl sein wird, aber in der Regel ist es wirklich nichts Besonderes. Vielleicht liegt es ja daran, dass man sich die ganze Sache so perfekt und wunderschön vorstellt und dann traurig ist, weil es nicht so funktioniert hat, wie man dachte. Man weiß ja auch gar nicht, was gerade passiert. Es fühlt sich komisch an. Und meistens ist es ganz schnell wieder vorbei. Das hört sich traurig an, aber du brauchst jetzt keine Schnute zu ziehen und zu heulen. Es geht uns allen so.

Mein erster Sex kam ziemlich unerwartet. Für mich ging es zu schnell, ohne dass ich überhaupt begreifen konnte, dass ich eigentlich schon fertig war. Ich habe immer noch weitergemacht, und das war mir danach so peinlich, dass ich mich zwei Wochen nicht bei dem Mädchen gemeldet habe.

Man sollte sich auf keinen Fall davon abschrecken lassen, wenn das erstes Mal kein Superhighlight wird. Sex funktioniert sowieso nur, wenn man die Person, mit der man es hat, auch wirklich gern mag. Ihr könnt uns ruhig ausbuhen und stolz darauf sein, dass ihr so wild durch die Gegend vögelt, aber wir haben auf der Suche nach dem schönsten Sex für uns herausgefunden, dass es nur dann wirklich gut wird, wenn Liebe im Spiel ist. Man muss sich mit der anderen Person eben gut verstehen.

Teenager interessieren sich sehr für Sex und gehen ins Internet, um mehr darüber zu erfahren. Und das ist unserer Meinung nach sehr gefährlich. Pornografie ist heutzutage so leicht zugänglich, dass jedes Kind, das in der Lage ist, einen Computer zu bedienen (und das kann mittlerweile schon ein Fünfjähriger), innerhalb von ein paar Minuten einen Porno finden kann. Viele Erwachsene unterschätzen das Problem und denken, dass ihr Kind so etwas nie machen würde. Irgendwann erwischt die Neugierde aber wirklich jeden, und so kommt es, dass den Jugendlichen durch diese Filmchen ein komplett falsches Bild von der schönsten Nebensache der Welt vermittelt wird.

Wenn ein Junge zu viele Pornos geschaut hat, wird er niemals eine Frau schätzen und sie mit Liebe behandeln, da für ihn Sex wahrscheinlich eher zu einer Sportart wird als zum Liebesakt. Auch die Mädels versuchen der Pornokunst gerecht zu werden und probieren immer unmöglichere Dinge aus, damit ihre Liebhaber mit ihnen zufrieden sind.

Wir können allen aus unserer eigenen Erfahrung nur raten, euch nicht von irgendwelchen Vollidioten darüber volllabern zu lassen, wie Sex funktioniert. Auch wir können nicht sagen, wie es richtig gemacht werden muss. Unserer Meinung nach sollte es jeder für sich selbst herausfinden.

Jeder Mensch hat seine Vorlieben, jeder Mensch funktioniert anders, und das gilt auch für Sex. Wenn ihr eure zweite Hälfte gefunden habt, dann werdet ihr schnell genug darauf kommen, wie es für euch beide am besten ist. Das passiert ganz automatisch.

Aber was auf jeden Fall fast immer funktioniert und was wir selbst schon getestet haben, werden wir euch natürlich verraten. Wir übernehmen allerdings keine Verantwortung, falls etwas nicht funktionieren sollte …

Wenn es so weit kommt, dass du beim Sex an jemand anderen denkst, musst du dich nicht gleich an Dr. Sommer wenden. Benutze einfach deinen eigenen Kopf oder hör auf die Stimme deines Herzens. Lass dich nicht von vermeintlichen Fachleuten verarschen, die dich nicht einmal persönlich kennen!

SO ÜBERLEBST DU DEN ERSTEN SEX:

- Versuche es schön zu gestalten, egal wie kitschig das ist. Zünde ein paar Kerzen an, schmeiß ein paar Kuscheltierchen aufs Bett :D Macht es euch einfach kuschelig.

- Hol auf keinen Fall beim ersten Sex dein perverses Sexspielzeug raus. Das könnte einen schlechten Eindruck hinterlassen.

 *Bei meinem ersten Mal habe ich alles geplant. Kamin angemacht, illegale Kopie einer Musik-CD erstellt usw. Wir sind bei der Sache, und auf einmal kommt ein total peinlicher Song von Tokio Hotel (Ich weiß gar nicht, wie das Lied auf die CD gekommen ist). Das Mädchen habe ich danach nie wiedergesehen.*

- Mach am besten keine übernatürlichen Geräusche, sonst hörst du dich womöglich an wie ein Pavian, der aus dem Zoo ausgebrochen ist. Das gilt auch für Mädchen. Zu viel Geschrei und Gestöhne könnte dem Partner etwas Angst einjagen.

- Sex ist kein Hochleistungssport, bei dem es darum geht, so viele Stellungen wie möglich auszuprobieren. Und schon gar nicht beim ersten Mal. Du bist doch kein wild gewordener Hamster ... :D

- Stelle sicher, dass deine Eltern nicht zu Hause sind, wenn es heiß zur Sache geht. Du willst doch nicht, dass deine Mutter ins Zimmer reinkracht und unter die Decke kriecht – in der Erwartung, dass ihr sie mitmachen lasst. Okay, das war ein ziemlich kranker Gedanke. Aber wie die Menschen sind, so sind auch ihre Gedanken :D

KAPITEL 24:
SCHLUSS MACHEN

Es spielt eigentlich keine Rolle, ob du ein Junge oder ein Mädchen bist. Wenn du schon einmal im Leben mit jemandem Schluss machen musstest, dann weißt du, wie schwer einem das fallen kann. In einer Beziehung ist es leider fast immer so, dass der eine den anderen mehr liebt als umgekehrt. Und logischerweise ist derjenige, der Schluss macht, meistens derjenige, dem die Beziehung auch weniger bedeutet hat.

Ich habe nie versucht, beim Schlussmachen nach Ausreden zu suchen. Ich habe versucht, ehrlich zu der Person zu sein und wenigstens die Freundschaft zu retten. Ich hasse es, Menschen zu verletzen, und da ich weiß, dass man das manchmal nicht vermeiden kann, ist es für mich wichtig, dass die Person wenigstens versteht, warum wir nicht zusammengepasst haben. Ich stehe immer noch im guten Kontakt zu meinen Exfreundinnen ...

Aber wenn ein Mensch sich in einer Beziehung unglücklich fühlt, ist es trotzdem richtig, diese so schnell wie möglich zu beenden. Wenn man das Ende nur immer weiter hinauszögert und auf den perfekten Moment zum Schlussmachen wartet, dann verletzt man den Partner nur noch mehr. Und ohnehin gibt es keinen perfekten Moment, um mit jemandem Schluss zu machen.

Die einen schreiben einfach eine SMS: »Ey, Baby, ich bin heute aufgewacht und habe erkannt, dass wir einfach nicht zusammenpassen.« Die anderen lügen ihrem Partner direkt ins Gesicht und sagen so was Schleimiges und nicht besonders Sinniges wie: »Es liegt nicht an dir, es liegt an mir!« oder »Du bist einfach zu gut für mich!« Es ist eben nicht immer einfach, eine gute Ausrede dafür zu finden, dass einem die andere Person auf den Sack geht!

Ein Kumpel von uns hat uns mal erzählt, dass er seiner Exfreundin einen Hund geschenkt hat, bevor er mit ihr Schluss gemacht hat. Er sagte zu ihr: »Ich kann zwar nicht länger für dich da sein, aber dieser Hund wird mich eine Weile ersetzen!« Das Mädchen ist natürlich ausgeflippt und hat ihn aus dem Haus geschmissen, was auch total berechtigt war. Wir fragen uns immer noch, was er wohl damit meinte, dass der Hund seine Rolle als Freund ersetzen solle …

Wir haben zwar schon erwähnt, dass es keinen perfekten Moment zum Schlussmachen gibt. Was es aber sehr wohl gibt, sind ganz unpassende Momente zum Schlussmachen – siehe unten. Auf der anderen Seite kann ein Mensch, dem gerade klar wird, dass seine Beziehung zu dem anderen ein großer Fehler war, natürlich auch ein bisschen wütend werden und dann Sachen machen, die er später bereut. Man muss deshalb bei diesem heiklen Thema durchaus ein wenig aufpassen.

SO KÖNNTEST DU BEIM SCHLUSSMACHEN DEINEN TOD VERMEIDEN:

- Mache nie Schluss mit einer Frau, während sie am Kochen ist. Es sei denn, du bist scharf darauf, dass der gesamte Inhalt der Pfanne auf deinem Kopf landet (inkl. Pfanne, Messer, Krokodile, je nach Laune).

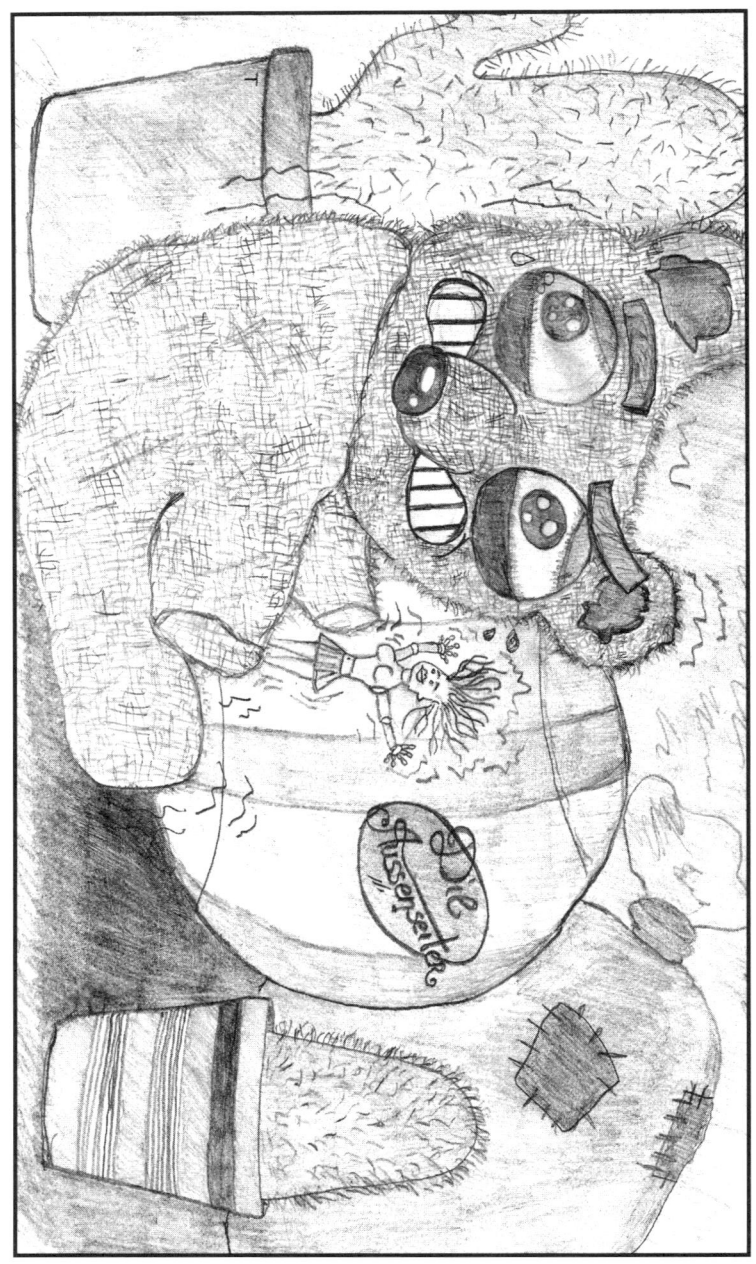

- Mache nie Schluss mit einem Mann, wenn er gerade betrunken ist. Männer sind sehr gefühlsverkrampfte Wesen, und im alkoholisierten Zustand (den man am besten komplett vermeiden sollte) neigen wir dazu, Dummheiten anzustellen. Einer ist Bungee gesprungen, aber das Seil hat er vergessen. Wir schätzen, er hatte einen glücklichen Abgang, schließlich hat er unterwegs die ganze Zeit laut »Ich liebe mein Leben« geschrien, weil er nicht gecheckt hat, dass er nicht angeseilt war.

- Am besten ist: Du bezahlst jemanden dafür, dass er die grausame Nachricht für dich an die Person übermittelt. Anschließend musst du leider das Land verlassen, denn ab jetzt bist du hier nicht mehr sicher ... Pscht ... Hörst du die Schritte?

- Mache nie Schluss, während du mit deinem Partner im Urlaub bist, und schon gar nicht am ersten Tag, wenn ihr gerade am Flughafen ankommt. Du würdest die kommenden zwei Wochen vermutlich nicht überleben ...

- Mache nie Schluss mit einer Frau, die Karate kann. Von einer solchen Frau kannst du dich leider überhaupt nicht trennen – zu gefährlich. Du bleibst für immer mit ihr zusammen. Für immer und ewig ...

- Mache nie Schluss mit Bushido, sonst gibt es gleich ein ganzes Album über dich und darüber, wie krass scheiße du eigentlich bist und dass du es bereuen solltest, geboren worden zu sein. So einen Stress musst du dir nicht geben.

- Wir haben uns gerade gedacht – es muss wenigstens ein guter Tipp zum Schlussmachen hier stehen, weil der Rest einfach zu ironisch gemeint war. Was ist denn der beste Tipp? Ganz einfach – reden! Ehrlich darüber reden, wie es dazu gekommen ist, dass man sich mit der jeweiligen Person keine gemeinsame Zukunft mehr vorstellen kann. Egal, wie diese Person es annimmt und darauf reagiert, man muss einfach nur ehrlich sein zu sich selbst und dem (Ex-)Partner. Mehr nicht!

KAPITEL 25:

FRÜHER WAR ALLES BESSER

»Früher konnte ich mit einer Mark zum Kiosk gehen und mir drei Überraschungseier, zwei Tüten Chips und zwei Flaschen Cola holen. Und heute sind überall Überwachungskameras!«

Aber jetzt mal im Ernst. Hast du nicht auch schon darüber nachgedacht, warum so gut wie jeder Mensch davon überzeugt ist, dass früher alles besser war? Niemand kann erklären, warum genau es so gewesen sein soll, aber jeder hat seine Theorie. Die Menschen waren netter ... Es gab mehr Arbeit ... Die Filme und Musik waren besser ... Die Mädels waren hübscher ... Die Politiker waren etwas menschlicher und hatten mehr Humor.

Unsere Theorie ist folgende: Wir geben lieber der Zeit die Schuld dafür, dass wir so unglücklich sind, als uns selbst. Es ist eben leichter, eine Ausrede zu finden, als selbst etwas zu unternehmen. Und wir sind wahre Meister, was das Erfinden von Ausreden angeht. Wir lügen, wo es nur geht, Hauptsache, das Leben wird dadurch vorübergehend leichter ...

Aber war früher denn wirklich alles besser? Auf diese Frage finden die meisten keine Antwort. Versuche dich doch mal zu erinnern, was genau früher eigentlich besser gewesen sein soll. Vergleiche die einzelnen Punkte, beobachte genau, was dir hier und heute denn nicht passt, und versuche zu verstehen, dass solche Gedanken ganz schön gefährlich sein können. Denn:

Ich weiß, das passt jetzt überhaupt nicht zum Thema, aber stell dir vor: Vor dir stehen Eva Longoria und Jessica Alba und beide wollen mit dir schlafen, aber du musst dich für nur eine entscheiden. Was würdest du tun ... Ich meine ... O.K., ich glaube, auf diese Weise bekommen manche Menschen Herzinfarkt.

Wer ständig in der Vergangenheit nach den Scherben des Glücks sucht, wird niemals die Gegenwart erleben. Der beste Tipp, den wir dir zu diesem Thema geben können, ist folgender: Nimm das Leben nicht zu ernst, vergesse nicht, dass es ein Geschenk ist. Mach was aus deinem Leben, etwas, das dir Spaß macht. Such nicht nach Ausreden, um dir das Gefühl zu geben, nicht versagt zu haben. Man kann nicht versagen, wenn man wirklich an sich glaubt. Man kann nur versagen, wenn man von vornherein nichts tut. Oder bist du nicht derselben Meinung?

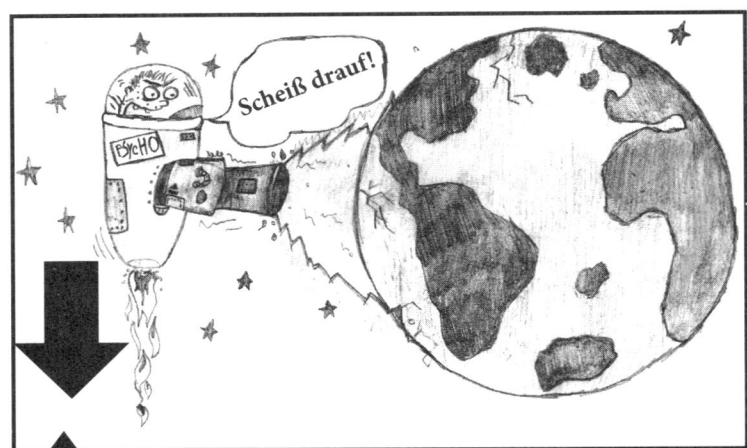

Der Mensch ist ein komisches Wesen. Er hat alles, was er braucht, aber es ist ihm nie genug. Je mehr ein Mensch besitzt, umso unzufriedener ist er. Und er will immer mehr und mehr und noch mehr. Er will immer übertreiben. Und eines Tages beschließt er, die Erde zu vernichten ...

Er denkt nicht lange nach, und in riesiger Vorfreude auf das kommende Feuerwerk der Apokalypse, die durch das Betätigen seines Alles-Vernichten-Schalters ausgelöst wird, feuert er mit zitternder Hand und genießt die Show. Dabei lacht er sogar noch ...

Jetzt hab ich es allen gezeigt … Ich habe etwas erreicht, was vor mir niemand erreicht hat … Ghi … Ghi … Ghi …

Er denkt nicht lange nach, und in riesiger Vorfreude auf das kommende Feuerwerk der Apokalypse, die durch das Betätigen seines Alles-Vernichten-Schalters ausgelöst wird, feuert er mit zitternder Hand und genießt die Show. Dabei lacht er sogar noch …

Ein paar Sekunden später stellt er sich eine Frage, die die unendliche Dummheit der Menschheit auf den Punkt bringt: »Warte mal, wie komm ich denn jetzt nach Hause?«

Wir haben mal darüber nachgedacht, welche Art vom Ende der Welt uns am wenigsten etwas ausmachen würde. Krieg? Globale Erwärmung? Eine unbekannte Gefahr aus dem Weltall? Der Angriff von irgendwelchen abgefuckten Robotern? Nun ja … Egal, was passieren sollte, es wäre uns wichtig, in der letzten Sekunde die Menschen an unserer Seite zu haben, die wir lieben, und keine falschen Schlangen, die sich nur an uns aufladen wollen …

TIPPS FÜR FRÜHER-WAR-ALLES-BESSER-SAGER:

• Früher war gar nicht alles besser. Früher gab es zum Beispiel kein Internet. Die meisten Leute würden ja zu heulen anfangen wie die kleinen Kinder, wenn man ihnen das Internet wegnehmen würde.

• Früher musste man tagelang reisen, um irgendwo eine Frau zu erobern. Heute gibt's Facebook und die Facebook-Message-App fürs Handy! Uns würde mal interessieren, wer sich tatsächlich noch auf ein Pferd setzen würde, um sich auf die Suche nach der Liebe zu machen.

• Vor 30 Jahren hat Dieter Bohlen noch schlimmer ausgesehen als heute.

• Dank der neuen Technologien können wir heute die ganze Welt sehen und verstehen viel mehr von den Zusammenhängen als die Menschen, die damals die Erde noch für flach oder quadratisch gehalten haben. Auch ein typisches Beispiel dafür, dass früher nicht alles besser war. Da kam einer und sagte:»Ey, Leute, die Erde ist rund!« Und was antworten die Vögel?»Nee, das kann nicht sein, rund ist nicht gut, früher dachten wir, die Erde ist eine Scheibe, und früher war doch alles besser!« Und dann? Dann verbrennen sie den armen Kerl.

• Früher musste man ein König sein, um ein bisschen Geld zu haben. Heute kann jeder ein König sein! Mit den Möglichkeiten, die uns das moderne Leben bietet, hat jeder die Chance, seine Idee der ganzen Welt zu zeigen und damit erfolgreich zu werden.

KAPITEL 26:

DAS BESTE MITTEL GEGEN DEPRESSIONEN

Egal, wie klischeehaft sich das anhören mag: Lachen ist das beste Mittel gegen Depressionen. In unserer YouTube-Laufbahn haben wir gelernt, wie wichtig es für einen Menschen ist, dass er etwas zum Lachen hat. Wir haben Nachrichten von Leuten erhalten, die Probleme mit ihrer Familie hatten und sich einfach immer traurig gefühlt haben. Einige hatten Selbstmordgedanken, weil sie das Lachen verlernt hatten. Sie wussten nicht mehr, wie es ist, Spaß am Leben zu haben.

Ich habe immer gezeichnet, wenn mir langweilig war, und dann habe ich die Figuren ausgelacht, die ich gezeichnet hatte. Und was habe ich heute davon? Heute kann ich meine Zeichnungen in diesem Buch veröffentlichen, und vielleicht gelingt es mir sogar, dich mit diesen verrückten Figuren zum Lachen zu bringen.

Umso mehr freut es uns, dass wir vielen Menschen helfen konnten, weil sie unsere Videos zum Lachen fanden und wieder zu ihrer positiven Laune zurückgefunden haben.

Natürlich kann man jetzt einwenden: »Leicht gesagt – man soll einfach lachen. Es gibt Momente im Leben, in denen es einfach nichts zu lachen gibt, weil man zum Beispiel verletzt ist oder etwas verloren hat, das man sehr geliebt hat.« Wir glauben jedoch herausgefunden zu haben, dass es am Ende im Leben nur eine Bestimmung gibt – glücklich zu sein. Und zum Glücklichsein gehört als Erstes das Lachen dazu.

Wir wissen natürlich, dass das Leben nicht nur aus Spaß besteht. Wir sind selbst manchmal verzweifelt und haben uns schon unglaublich schlecht gefühlt. Aber wir bauen uns in diesen Situationen immer gegenseitig auf, mit kleinen Witzen und mit der lustigen Art, in der wir miteinander umgehen. Das hat uns immer wieder geholfen, und so dämlich es klingen mag: Wir glauben, auch in sehr schlechten Zeiten muss gelacht werden. Es ist einfach die beste Methode, um aufkommende Depressionen zu bekämpfen.

Als Erstes muss man natürlich erkennen, dass alles, was im Leben passiert, seinen Sinn hat. Wenn uns jemand beleidigt, dann baut uns das auf und macht uns stärker. Wenn uns die Liebe verlässt, bekommen wir noch mehr Liebe von woanders. Wenn man nicht nur die guten Seiten des Lebens, sondern auch die schlechten zu akzeptieren lernt, dann wird einem klar, wie schön das Leben insgesamt sein kann.

Wir arbeiten selbst noch dran, aber zumindest wissen wir schon, in welche Richtung es gehen soll. Wenn uns etwas Schlechtes passiert, dann versuchen wir das zu akzeptieren und auch für diese Erfahrung dankbar zu sein. Denn alles, was wir uns auf unserem bisherigen Lebensweg begegnet ist, hat uns zu dem gemacht, was wir heute sind. Infolge seiner persönlichen Erfahrungen ist jeder Mensch vollkommen einzigartig in seiner Denkweise, in seinen Vorlieben und seinen Fantasien. Für uns ist es sehr wichtig, nicht nur positive, sondern auch negative Dinge zu durchleben und daraus zu lernen. So erreichen wir das Gleichgewicht, nach dem jeder Mensch auf der Suche ist.

TIPPS GEGEN DEPRESSIONEN:

- Mache dir auf keinen Fall irgendeine perfekte Vorstellung davon, wie dein Leben sein soll. Du wirst sonst dein ganzes Leben lang versuchen, dieser (meist utopischen) Vorstellung gerecht zu werden. Der häufigste Grund für Depressionen ist, dass ein Mensch mit sich selbst nicht zufrieden ist. Hör lieber auf deine innere Stimme und versuche, deine wahre Bestimmung zu erkennen.

- Hobbys sind ein gutes Mittel gegen Depressionen. Man sucht sich eine Beschäftigung, die einen erfüllt und die schlechte Zeit vergessen lässt. Das kann alles Mögliche sein. Mach aber auf keinen Fall etwas, nur weil es deine Freunde auch machen. Scheiß drauf, dass keiner in deinem Freundeskreis Bücher liest oder Socken strickt – wenn es dich glücklich macht, dann musst du dich trotzdem für dieses Hobby entscheiden.

- Rede mit anderen über deine Sorgen oder Fragen. Behalte nicht alles für dich. Ein Mensch kann nicht überleben, ohne seine Gefühle mit anderen zu teilen. Einmal haben die Wissenschaftler versucht zu ermitteln, wie schnell kleine Kinder die Sprache lernen würden, wenn man mit ihnen kein Wort spricht (sie wurden in abgesperrten Räumen aufgezogen). Leider kamen die Wissenschaftler durch dieses schreckliche Experiment (die Kinder sind alle auf eine seltsame Weise gestorben, sie hatten keine Anzeichen an irgendwelchen Krankheiten) zur Erkenntnis, dass ein Mensch nicht ohne Zuneigung anderer Menschen überleben kann.

- Schau nicht einfach ratlos zu, wie dein Leben in die Brüche geht, sondern unternimm was dagegen. Sei selbst der Herr deines Schicksals.

Wenn Herbert Spaß haben will, endet es meistens mit einem Desaster. Vorbeifliegende Häuser und verzweifelte Kühe sind das Produkt des von Herbert ausgelösten Tornados. Herbert wollte nur ein paar Experimente mit Strom, Wasser und seinem neuen Föhn machen. Im Fernsehen hat es aber besser funktioniert als bei ihm …

KAPITEL 27:
FÜHRERSCHEIN

Bald wirst du endlich 18 Jahre alt, und vermutlich bist du fest davon überzeugt, dass dein Leben jetzt erst richtig losgeht. Warum? Richtig, du kannst den Führerschein machen! Wenn du den Lappen dann erst mal hast, kannst du Runden durch die Stadt drehen und mit übertrieben laut aufgedrehter Anlage bei offenem Fenster die Aufmerksamkeit auf dich lenken. So macht es die Mehrheit der Jugendlichen, und auch uns hat dieser Fluch nicht verschont ...

Mein Fahrlehrer war ein ziemlich cooler Typ, aber was mir etwas Sorgen gemacht hat, war die Tatsache, dass er alle 10 Minuten aus dem Auto ausstieg und nach 5 Minuten mit irgendeiner Tasche zurückkam. Ich frage mich, was in diesen Taschen wohl drin gewesen ist?

Wenn du schlau warst, hast du in der 5. Klasse schon angefangen für deinen Schlitten zu sparen, ansonsten musst du bei deinen Eltern betteln oder anschaffen gehen. Die Fragebögen für die theoretische Prüfung auswendig zu lernen und mit den meist etwas anstrengenden Fahrlehrern (in der Regel mit Bierbauch) seine Runden zu drehen, macht deutlich weniger Spaß als später allein zu fahren. Wir würden gern wissen, wie oft das Wort »Schulterblick« von jungen Autofahrern mit negativen Assoziationen verbunden wird ...

Am meisten Schiss hast du wahrscheinlich vor der praktischen Prüfung, es sei denn, du hast im Vorfeld im Wagen deines Vaters illegalerweise schon auf dem Parkplatz hinterm Supermarkt trainiert. Und was machst du an dem Tag, an dem du deinen Führerschein bekommst? Richtig! Du fährst auf die nächste Party und sagst:»Mein Angebot ist, ich hole die heißen Bräute gern von der Disco ab und fahr sie dann nach Hause.« Natürlich gehst du davon aus, dass sie dich für dein Engagement mit ihrer Zuneigung belohnen ...

Mädchen, die gerade ihren Führerschein gemacht haben, stopfen sich das Auto mit mindestens 17 anderen Mädels voll und unternehmen dann merkwürdige, man könnte fast denken, lesbisch orientierte Reisen. Dabei singen sie die ganze Zeit die Lieder ihrer Lieblings-Boybands nach und vergleichen den Inhalt ihrer XXL-Handtaschen. Natürlich sind auch sie auf der Suche nach heißen Jungs. Das Blöde ist bloß, dass ihr Auto dann so vollgepackt ist mit Mädels, da passt kein Mensch mehr rein. Keine Ahnung, was sie sich dabei denken, ehrlich. Sie wollen Jungs abchecken, ne? Und dann fahren sie zu fünft los ... Auf die Idee muss man erst kommen! Aber nun gut. Wie sagt man noch gleich? Jedem das seine!

Wichtig beim Autofahren ist allerdings, dass man daran denkt, dass die Sache kein Spaß ist. Viele nehmen das Fahren nicht ernst genug und sind deshalb nicht aufmerksam hinter dem Steuer. Niemand ist vor einem Unfall sicher, es kann jedem passieren. Respekt im Verkehr ist sehr wichtig, manche verhalten sich auf der Straße, als wären sie in einem Actionfilm. Vermutlich denken diese Vögel nicht einmal darüber nach, dass sie mit so einer Einstellung eines Tages richtige Scheiße bauen könnten ...

TIPPS FÜR DIE FÜHRERSCHEIN-PHASE:

- Lerne die Verkehrsregeln – nicht um die Prüfung zu bestehen, sondern um die Verkehrsregeln zu begreifen und falsche Reaktionen auf der Straße zu vermeiden.

- Geh etwas vorsichtiger mit der Hupe um und benutze sie nicht ständig, um einen deiner Kumpels zu begrüßen. Manche Passanten haben ein schwaches Herz ...

- Schminken beim Autofahren mag zeitsparend sein, aber es ist das Bescheuertste, worauf man kommen kann. Nicht mal Affen würden so etwas Dummes abziehen, wenn sie einen Führerschein hätten. Beim Fahren schaut man auf die Straße und nicht auf sich selbst in den Spiegel. Wie kann man nur so selbstverliebt sein?

- Wir flehen dich an! Egal, wie cool es deine Freunde finden, setz dich auf keinen Fall ans Steuer, wenn du was getrunken hast. Das ist einfach eine Bitte!

- Viele Leute haben einen Führerschein, aber sie fahren kaum Auto, weil sie Angst davor fahren. Das liegt meistens daran, dass diesen Menschen von ihrer Umgebung eingeredet wurde: »Du kannst nicht fahren, du fährst schlecht!« Diese Angst zu überwinden, ist nicht einfach, aber wenn man es schafft, versteht man, dass alles nur Einbildung war.

- Für die Prüfung: Hab keine Angst vor dem Prüfer! Stell dir einfach vor, der Prüfer wäre ein ekliger, feuchter, fast durchsichtiger Furz, den man ignorieren sollte. Konzentriere dich nur auf die Straße und auf dein Wissen, dann schaffst du es!

Verwechsle bitte die Fahrprüfung nicht mit dem Casting zu einem neuen Teil von »Mission Impossible«. Übertreib es nicht mit der ganzen Action, wenn du den Lappen bekommen willst.

KAPITEL 28:
WAS IST HIER LOS?

Wir können zwar nicht sagen, wie viele Menschen sich tatsächlich diese Frage stellen, aber wir hoffen wirklich, dass es viele sind. Denn man muss blind sein, um nicht zu erkennen, dass mit der Menschheit etwas nicht stimmt. Das war nicht immer so, aber das entwickelt sich schon seit Jahren in eine sehr negative Richtung. Woher kommt dieser ganze Hass und Neid und dieses: »Ich muss unbedingt allen beweisen, dass ich besser bin als andere!«

Menschen neigen zur Bösartigkeit und fügen ihren Mitmenschen Schmerzen zu, indem sie sich gegenseitig anlügen und ausnutzen. Oftmals spielen wir mit den Gefühlen der anderen, ohne uns Gedanken darüber zu machen, was für eine stinkende Scheiße wir gerade anstellen. Wir Menschen denken meistens nur an uns selbst und vergessen dabei, dass wir nicht allein auf der Welt sind und dass die Leute, von denen wir umgeben sind, manchmal viel wichtiger für unser Glück sind, als wir es uns vorstellen können.

Manchmal haben wir das Gefühl, dass die ganze Welt nur noch auf Lügen aufgebaut ist. Es ist wohl wesentlich einfacher, sich schöne Geschichten auszudenken und ein perfektes Bild von sich zu verkaufen, als seine Fehler und Schwächen zuzugeben und ehrlich zu sein. Wir lügen, ohne rot zu werden, manchmal macht uns die Lügerei sogar Spaß und wir wollen immer mehr!

Nach außen sind die Menschen oft ziemlich nett, und hinter deinem Rücken reden sie nur Scheiße über dich, und je mehr du das verstehst, umso mehr zieht es dich runter.

Manche haben Stress in der Familie, andere fühlen sich von ihrem Freundeskreis nicht verstanden. Es ist schon übel, wenn es nicht einmal der eigenen Familie auffällt, wenn jemand sich immer weiter von der Gesellschaft zurückzieht und nur noch schweigend in der Ecke sitzt.

Suche immer nach Leuten, die dich verstehen, die dir zuhören, auf die du dich verlassen kannst und die dich so akzeptieren und lieben, wie du bist. Wenn du von solchen Menschen umgeben bist, kannst du dich sicher fühlen. Dein Leben ist immer weniger in Gefahr. Und denk nicht gleich, diese Sätze wären nur »Bla Bla«. Es sind die besten Tipps, die wir dir geben können.

Das Leben kann manchmal ganz schön chaotisch und schwer zu verstehen sein. Aber das Verständnis kommt im Laufe der Zeit fast immer von ganz allein. Man sagt nicht umsonst: »Zeit heilt alle Wunden!«

Mädels können manchmal richtig gemein und herzlos sein, wenn sie sich für was Besseres halten (und davon gibt es echt viele!). Mädels, die so sind – warum seid ihr so? Und Jungs – geht solchen Frauen aus dem Weg, wenn ihr nicht wegen jemandem draufgehen wollt, der nicht in der Lage ist, eure heldenhaften Taten zu schätzen!

TIPPS FÜR DIE WAS-IST-LOS?-PHASE:

- Fang als Erstes bei dir an! Bevor du dich fragst, was mit den anderen nicht stimmt, solltest du zuerst überprüfen, ob mit dir alles stimmt.

- Folge deiner inneren Stimme, treffe hin und wieder eine Entscheidung aus dem Bauch und plane nicht zehn Monate im Voraus. Versuche, die Grenzen deiner Vorstellungen zu durchbrechen. Nur so gewinnst du mehr Verständnis für Dinge, die du jetzt noch nicht verstehst!

- Lasse dich nie vom ersten Eindruck der Menschen täuschen. Dieser kann sich später als falsch herausstellen und dich verletzen. Lerne die Menschen erst gut kennen, bevor du ihnen komplett vertraust. Sei vorsichtig, es gibt viele Schlangen (von denen sind wir auch schon oft erwischt worden).

- Versuche immer, das Interesse anderer Menschen für dich zu gewinnen. Dabei solltest du nicht auf besonders ausgefallene Outfits oder Ähnliches zurückgreifen, sondern die anderen mit deinen Talenten überzeugen. Das stärkt deine Persönlichkeit, und wir finden, eine starke Persönlichkeit zu haben, das ist ziemlich wichtig ...

HERBERT SAGT:

Mein Bruder ist ein Arsch! Weißt du, warum? Na, weil ... also ... weil er so schlecht kocht zum Beispiel. Ich kann doch nicht jeden Tag nur Milchreis fressen. Ghi ... Das sieht aus, als hätte ein Weißbär Durchfall gehabt. Ghi Ghi! Mein Bruder ist so dumm!

KAPITEL 29:
ABSCHLUSSFEIER!

Hast du deinen Abschlussball schon hinter dir? Oder steht dir das noch bevor? Der Abschlussball ist die Grenze zwischen Kind und Erwachsenem – wenn du bis jetzt noch keinen Sex hattest, bist du wahrscheinlich schon leicht verzweifelt und siehst im Abschlussball deine letzte Hoffnung, ein betrunkenes Mädchen flachzulegen, das es in diesem Zustand sowieso mit jedem treiben würde oder als Mädchen deinen Traumprinzen kennenzulernen, aber wenn du das glaubst – bist du eh nicht ganz dicht.

Ist eigentlich schon jemandem aufgefallen, dass das hübscheste Mädchen der Schule sich immer den vollsten Volltrottel aussucht, um mit ihm auf die Abschlussfeier zu gehen? Hauptsache, er hat Muskeln.

Doch so einfach ist es meistens leider nicht! Wir kennen doch alle diese Teeniefilme, in denen sogar die letzten Loser am Ende noch jemanden abbekommen. In Wirklichkeit sieht es etwas anders aus. Es gibt immer eine Gruppe von Verlierern, die ausschließlich miteinander abhängen (zu so einer Gruppe haben wir in unserer Schulzeit auch gehört) und lediglich darüber reden, wie sie irgendwann mal an eine Frau herankommen werden.

Meine erste Abschlussfeier hatte ich in Russland, nachdem ich die Hauptschule abgeschlossen habe. Auch ich hatte mir einen etwas schöneren Abend erhofft ... Als ich irgendwo im Gebüsch aufgewacht bin, hatte ich nur noch Szenen aus einem billigen Horrorfilm in meinem vom Rausch vernebelten Kopf.

Am Ende des Abschlussballs sitzen die Loser meist mit aufgeknöpften Hemden am Straßenrand, so stark betrunken, dass sie nicht merken, dass einer der Freunde sich schon seit zwei Stunden nicht mehr bewegt. Sie erzählen sich gegenseitig Geschichten, wie viele Mädchen sie an diesem Abend hätten flachlegen können, obwohl sie in Wirklichkeit nicht ein einziges angesprochen haben.

Auch die Mädels freuen sich riesig auf die Abschlussfeier. Schon bevor sie in die erste Klasse kommen, überlegen sie sich, wie ihr Abschlussball-Kleid aussehen soll. Es ist der Abend, von dem die Mädchen erwarten, dass nun all ihre Träume in Erfüllung gehen. Weil es ja so ein ganz besonderer Abend ist oder vielleicht auch nur weil die Mädchen einen Knall haben und tatsächlich an so einen Schwachsinn glauben ...

Außerdem ist der Abend des Abschlussballs die perfekte Gelegenheit, um es jeder anderen Bitch mal so richtig zu zeigen – mit dem geilen Outfit und dem geilen Prinzen, den man sich hoffentlich an dem Abend noch schnappt. Am nächsten Tag bereut man zwar alles, aber an diesem Abend spielt der Verstand keine Rolle ...

SO ÜBERLEBST DU DEN SCHULABSCHLUSS MÖGLICHST SCHMERZFREI:

- Mach dir vorab einfach keinen Kopf darüber, ob du deine Jungfräulichkeit verlierst oder dich sonst wie komplett blamierst. Egal, was an diesem Abend passiert, es wird eine geile Erinnerung für dich bleiben. Du kannst später deinen Kindern davon erzählen!

- Suche nicht nach dem perfekten Partner, es sei denn, du siehst selbst aus, als kämst du frisch aus einem Hollywoodfilm. Am Ende des Tages wirst du es möglicherweise bereuen, dass du nicht zugeschnappt hast, weil du dachtest, dass du noch was Besseres findest.

- Leg dich im betrunkenen Zustand nicht mit deinen ehemaligen Lehrern an. Es ist keine gute Idee, ihnen nach all den Jahren die ganze Wahrheit ins Gesicht zu sagen, denn die Wahrheit wird ihnen wahrscheinlich nicht gefallen. Wenn du noch Geschwister hast, die zur selben Schule gehen, wären sie dir bestimmt nicht dankbar dafür, dass sie deinen großen Auftritt noch über Jahre hinweg ausbaden müssen.

- Dafür kannst du aber alle Klassenkameraden, die du schon immer heimlich gehasst hast, zum Teufel schicken. Hau ruhig alles raus, was sich seit Jahren in deiner verdorbenen Seele angesammelt hat, und schließe dieses Kapitel ab ... :D

Ab jetzt fängt dein erwachsenes Leben an! Nun bist du selbst dafür verantwortlich, welchen Weg du gehst und welche Reise dir in deinem Leben noch bevorsteht. Sei vorsichtig mit deiner Entscheidung. Wichtig ist, dass du dich selbst nicht überschätzt. Wir wollen nicht, dass du jetzt schon draufgehst ... Du hast noch einen langen Weg vor dir!

KAPITEL 30:
DIE VERZWEIFLUNG!

Jetzt wird's interessant. Mit der Schule bist du fertig. Du hast dich ewig darauf gefreut, dass diese grausame Zeit, die du später wahrscheinlich als die beste Zeit deines Lebens bezeichnen wirst, endlich vorbeigeht. Und was nun? Wenn du schlau warst, hast du dir schon während der Schulzeit überlegt, was du später werden willst. Wenn du aber dämlich warst, dann dachtest du nur, du würdest wissen, was du nach der Schule unbedingt werden willst – ein Astronaut!

Und jetzt, wo du dein durchschnittliches Zeugnis in der Hand hälst, kapierst du langsam, dass es vielleicht gar nicht so dumm wäre, wenn du dir doch noch eine Alternative zur Astronautenlaufbahn überlegen würdest. Wahrscheinlich beginnst du nun, Panik zu schieben. Du stellst dir sinnlose Fragen wie »Was soll aus mir werden?« oder »Will ich wirklich als ein arbeitsloser Social-Networks-Assistent enden?« Äh, gibt es den Beruf überhaupt?

Eigentlich ist die Lösung ganz einfach. Sie liegt vor deinen Augen, du bist wahrscheinlich nur zu verzweifelt, um sie zu sehen. Alles, was du machen musst, ist Folgendes: Du musst dich fragen, was du denn wirklich gern machst. Das hört sich zwar sehr utopisch an: »Na klar, Mann, was ist, wenn ich Präsident werden will?« Aber wenn du ehrlich bist, dann willst du ja gar nicht Präsident werden. Die Frage lautet: Was willst du wirklich werden? Das ist ein sehr wichtiger Moment in deinem Leben. Viele machen hier einen Fehler, indem sie sich einen falschen Beruf aussuchen und so ihre Zeit verschwenden. Wir kennen viele Leute, die zwei bis drei Ausbildungen gemacht haben und sich heute darüber ärgern.

Wir zum Beispiel haben immer für den Traum gekämpft mit unserem Hobby, der Videofilmerei, Geld zu verdienen. Das war einfach, was wir am liebsten getan haben, und darum konnten wir uns auch gar nichts anderes vorstellen. Die ersten drei Jahre haben wir keinen Cent dafür bekommen, aber wir haben mit Leidenschaft weitergemacht, ohne ans Geld zu denken, und das hat sich im Endeffekt ausgezahlt.

Im Leben funktionieren die Dinge eigentlich ziemlich einfach. Wer sich Mühe gibt, wird am Ende des Tages dafür belohnt. Klingt wie ein Auszug aus einem Märchen, aber es ist wirklich so. Jeder Mensch, der in seinem Leben etwas erreicht hat, wird dir sagen: »Ich habe dafür gearbeitet!« Und das ist auch schon das ganze Geheimnis: Man muss einfach bei der Sache bleiben!

Das Leben ohne Job ist eigentlich ganz gechillt. Wenn du aber so rein gar nichts anfängst, hast du auch keine Chance, deine Träume zu verwirklichen. Du stumpfst immer mehr ab und verwandelst dich in ein Assi-Monster!

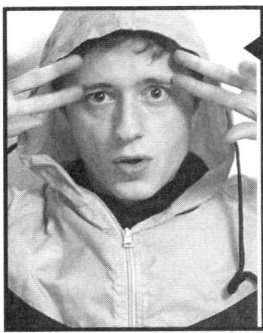

Ich wurde vom Direktor der Schule in sein Büro gebeten, er hat mir freundlich vorgeschlagen, die Schule nach der 8. Klasse abzubrechen, weil ich seiner Meinung nach eh nichts im Leben erreichen würde. Ich war damals auch nicht in der Lage, zu verstehen, was ich für einen Fehler mache. Zum Glück habe ich mich von meiner Familie und meinen Freunden motivieren lassen und immer weitergekämpft!

Heute können wir von dem leben, was wir mit unseren Videos verdienen. Wir führen zwar kein Luxusleben, aber wir haben auch keine großen Ansprüche. Hauptsache, wir können unsere Miete bezahlen …

SO ÜBERLEBST DU DIE VERZWEIFLUNG NACH DEM SCHULABSCHLUSS:

- Panik zu schieben und sich über alles zu beschweren ist keine Lösung, wenn du noch nicht weißt, für was du bestimmt bist. Geh es ruhig an, mit klarem Kopf. Treffe keine zu schnellen Entscheidungen, die du später bereuen würdest.

- Suche dir einen Job, in dem du wirklich arbeiten willst, egal, ob du damit viel oder wenig verdienst. Es geht darum, dass du es gern machst. Denn wenn du einen Job findest, den du liebst, fühlt sich kein Tag nach Arbeit an!

- Sei realistisch. Du kannst nicht Präsident werden, wenn du während der Schulzeit nur Sechsen im Zeugnis hattest :D

- Ja, man muss sich bewerben und von sich aus etwas dafür tun, damit man einen guten Job findet. Es wird kein Zauberer mit einem langen Bart vom Himmel herunterkommen und die Sache für dich übernehmen. Beweg deinen Arsch und heul nicht rum, dass ja sowieso alles Scheiße ist!

- Nein, es reicht nicht, immer bloß hübsch zu sein, um bei einem Bewerbungsgespräch gut anzukommen. Kein Chef der Welt hat Bock, eine Sekretärin oder einen Ingenieur bei sich einzustellen, der die Kunden ständig anschreit, weil er es nicht anders gelernt hat und sich für etwas Besonderes hält.

KAPITEL 31: AUSBILDUNG!

Wenn du keinen Bock hast zu studieren oder ganz genau weißt, dass du für deinen Traumberuf kein Studium brauchst, dann entscheidest du dich vermutlich für eine Ausbildung. Für die meisten geht es dabei in erster Linie um die Kohle: Man möchte endlich sein eigenes Geld verdienen und sich ein bisschen was leisten können. Dass nebenbei noch eine Berufsausbildung abfällt, stört dann nicht weiter.

Doch die meisten haben eine ganz falsche Vorstellung von einer Ausbildung und erwarten drei chillige Jahre. Die Ausbildung ist für die meisten Leute aber die schwierigste Zeit ihres Lebens. Du wirst zum AZUBI (Arsch zum Bier holen) und musst damit rechnen, dass dich dein Chef nicht unbedingt auf Händen tragen wird. Vielleicht wirst du ab und zu sogar wie ein Stück Scheiße behandelt. Egal, wie gut du bist oder was du alles kannst, für den Ausbilder bist du nur ein kleiner Hamster, der die ganze Zeit in seinem Rädchen Kreise dreht.

Wundere dich nicht, dass du auch mal Blumen gießen oder sonst etwas machen musst, wovon nichts in deinem Ausbildungsvertrag steht. Schließlich stand auch nicht drin, dass du erniedrigend behandelt wirst und alles, was du machst, falsch sein wird (es kommt natürlich immer auf den Ausbildungsbetrieb an, aber wir haben schon von sehr vielen Leuten gehört, die während ihrer Ausbildungszeit schlimme Erfahrungen machen mussten).

Aber sei auch ehrlich zu dir selbst: Wenn du Scheiße baust, versuche deine Schuld nicht auf andere zu schieben. Damit machst du dich bei deinen Kollegen unbeliebt, und die könnten deine einzige Rettung während dieser drei Jahre sein. Wenn du lernst, mit den Kollegen richtig umzugehen, werden sie dir in den schwierigen Situationen helfen.

HERBERT SAGT:

Mein Bruder David sagt, dass ich es nicht schaffen werde, aber wenn ich groß bin, werde ich Pilot sein. Dann fliege ich auf den Mond und den David nehme ich nicht mit. Ghi ... Dann kann ich ihn von dort oben auslachen, weil er so klein ist! Ghi ... Ghi ... Ghi!

Viele denken, dass wir Kontakte zur Mafia haben. Vielleicht stimmt das sogar! Vielleicht wissen wir sogar, wo du wohnst. Vielleicht kommen wir auch bei dir vorbei. Und tun dir nichts!

Viele Leute fangen irgendeine Ausbildung an, ohne sich vorher über den Beruf informiert zu haben. Und nach ein paar Jahren stellen sie fest, dass sie den Job nicht ausstehen können. Das liegt teilweise daran, dass viele sich nach dem Schulabschluss zu viel Druck machen und unbedingt etwas finden wollen. Hauptsache, man macht schnell irgendwas. Aber das ist eigentlich nicht ganz richtig, lieber sollte man sich etwas Zeit lassen und nach genau dem Beruf suchen, bei dem man auch Spaß hat. Stattdessen wahllos etwas anzufangen und es dann wieder abzubrechen ist eigentlich reine Zeitverschwendung. Unternehme lieber eine Reise, lass deinem Kopf etwas kreativen Raum, um diese wichtige Entscheidung zu treffen.

SO ÜBERLEBST DU DIE AUSBILDUNG:

- Versuche, dich zu beweisen, und zwar nicht indem du wie ein stolzer Papagei rumläufst und deinen Bizeps oder deinen tollen Arsch präsentierst, sondern indem du zeigst, dass du engagiert bist und einen Kopf auf den Schultern hast. Das wird im Allgemeinen sehr geschätzt und kann dir auch während der Ausbildungszeit helfen :)

- Lass dich nicht kleinreden, verteidige immer deine eigene Meinung mit guten Argumenten. Zeig deinen Kollegen, dass du eine starke Persönlichkeit hast. Sie werden dich gleich ganz anders sehen und entsprechend behandeln.

Ich habe meine Ausbildung gehasst, weil ich sie nach dem Wunsch meiner Eltern ausgesucht habe und nicht weil ich selbst Bock drauf hatte. Ich habe mich mit den Leuten nicht verstanden, die sogar in der Pause noch über die Arbeit geredet haben. Ich wollte nie jemand werden, der keine eigene Meinung hat, kein Mitläufer!

- Wenn du etwas gut kannst, dann gebe nicht gleich damit an, sondern versuche, die Sache auch deinen Kollegen beizubringen. Niemand mag Angeber.

- Wenn dich jemand schlecht behandelt, lass es nicht auf dir sitzen, sonst entwickelt sich das womöglich zu einem richtigen Mobbing-Problem. Rede mit dieser Person oder rede mit dem Vorgesetzten. Zeige den anderen, dass du nicht schutzlos bist. Niemand hat das Recht, dich schlecht zu behandeln.

Während du für deinen Chef Sachen erledigen musst, die nicht im Ausbildungsvertrag erwähnt wurden, kannst du im Kopf schon deinen Plan zur Übernahme der Weltherrschaft perfektionieren!

KAPITEL 32:

DISCO-PARTY, PARTY-DISCO

Egal, ob du eher auf Hauspartys stehst oder lieber in die Disco fährst und dort die Sau rauslässt, in beiden Fällen erwartet dich ganz viel lustige Action. Wir waren als Teenager (als wir noch jung und unerfahren waren :D) auf vielen Partys eingeladen und haben auch selbst welche veranstaltet. Wir können also aus eigener Erfahrung berichten, dass jeder, der nur ein bisschen Brei in der Birne hat, sich lieber auf irgendeine Party einladen lassen sollte, anstatt bei sich zu Hause eine zu schmeißen.

Versuch, dir die Gesichter zu merken, die du zum ersten Mal siehst. Das sind meistens diejenigen, die am Ende des Abends etwas mitgehen lassen. Zum Beispiel Toaster oder deine ganzen PS3-Spiele oder deine Unterhosen ... Okay, wir wollen nicht zu sehr ins Detail gehen ...

Das große Problem bei den Jugendlichen ist, dass sie sich wie kleine wilde Tierchen benehmen. Wenn Teenager eine Party feiern, dann gibt es meist viel Alkohol und aggressive Musik, zu der sie ordentlich abgehen, um ihren Alkoholpegel zu senken und weitersaufen zu können. Das endet leider oft mit Tragödien, wenn einer plötzlich auf die Idee kommt, in deinem Zimmer unter den Teppich zu kotzen, weil er sich nicht so schnell entscheiden konnte: »Fenster oder Bad? Nee, lieber unter den Teppich, merkt eh keiner!« Der nächste kotzt dann in die Schublade im Schlafzimmer deiner Eltern (Wie kommt man denn auf so was?).

Die Discofraktion ist ebenfalls ein lustiges Volk. Wir waren eine Zeitlang mit ein paar russischen Musikern unterwegs, die ganz viele Auftritte in verschiedenen Discos gespielt haben. Wir haben sie begleitet und den Wahnsinn der Nacht erlebt: diese unersättlichen Partymenschen, die nur tanzen und schreien wollen.

Es gibt Leute in unserem Bekanntenkreis, die für eine Disco-nacht extra 300 bis 500 Kilometer weit fahren. Am Ziel ange-kommen, vollführen sie dann in der Gesellschaft von 1000 bis 1500 anderen verschwitzten Körpern ihren Abspack-Dance, auf den sie sich schon die ganze Woche gefreut haben. Und je-des Wochenende ist Disco angesagt: Sie können einfach nicht aufhören zu feiern. Sie werden zu Party-Robotern – wenn sie montags aufstehen, haben sie nur noch einen Gedanken im Kopf: »Feiern muss! Feiern muss! Feiern muss!« Und so geht es bis Freitag, dann ändert sich der Gedanke auf: »Heute wird gefeiert! Heute wird gefeiert! Heute wird gefeiert!«

Die meisten wärmen sich vor der Disco schon mit Alkoholi-schem vor und müssen dann irgendwie noch an dem Türsteher vorbei, der sie nach ihrem Zustand fragen wird. Die Leute von der Disco wollen natürlich, dass sich die Gäste drinnen bei ih-nen am Tresen besaufen. Es soll ja ordentlich Umsatz gemacht werden, weswegen angetrunkene Gäste nicht unbedingt will-kommen sind. Und ohne jemandem dieser beiden Fraktionen nahetreten zu wollen – wir sind keine Spießer und haben selbst gern gefeiert. Aber kann das Leben nur aus belanglosem Feiern bestehen? Oder gibt es da im Universum etwas, das womöglich noch interessanter, spannender und tausendmal krasser ist, als nur zu dancen?

Disconacht ohne Stress mit Security? Gibt's nicht! Es findet sich immer mindestens einer, der einfach nicht verstehen will, dass es echt nicht cool ist, Bierflaschen auf der Tanzfläche zu zerschmettern. »Nix verstehen! Muss kaputt machen! Digga!«

TIPPS FÜR PARTYLEUTE:

- Komm nicht auf die Idee, in einer Disco jemanden kennenzulernen. Ihr werdet euch nur ein paar Stunden anschreien,
ohne dass einer von euch versteht, was der andere sagt. Die
Gespräche hören sich oft ungefähr so an: »Ey, du hast tolle
Haare, hast du das gewusst?« – »Ja, genau!« – »Weißt du
eigentlich noch, wie ich heiße?« – »Ja, genau!«

- Leg auf der Party bei dir zu Hause nie die Musik von Florian Silbereisen ein, wenn du dein Leben nicht als ein trauri-
ger und einsamer Mensch beenden willst.

- Der DJ ist der inoffizielle Boss der Disco (inoffiziell, weil
er eigentlich nur ein DJ ist, aber dadurch, dass er weiß, in
welcher Reihenfolge man die Knöpfe auf dem Mischpult
drückt, denkt er, er wäre Gott!). Nerv ihn nicht mit deinem
ständigen »Kannst du bitte Time Of My Life spielen?« Wie
oft kann man den Song denn noch hören?

HERBERT SAGT:

Ich habe auch mal eine fette Party geschmissen,
es waren ganz viele Leute da …
Mein Bruder David … und ich … und …
Es waren auf jeden Fall mehr als eine
Person da. Und das war voll lustig, ich habe
schon wieder das Haus angezündet …
Ghi … Ghi … Ghi …

KAPITEL 33:
WERDE ICH ALT?

Wir wissen ja nicht, wie alt du bist, liebe Leserin oder lieber Leser, aber wir gehen davon aus, dass du höchstwahrscheinlich noch etwas jünger bist als wir. Und das ist gut so! Freu dich und genieß dein Leben so, wie es ist. Genieße deine Jugend und all die Menschen, die du in dieser Zeit kennenlernen darfst, all die schönen Dinge, die du erlebst.

Ich mache oft Spaß darüber, dass ich mit meinen 25 schon alt bin und mehr auf meine Gesundheit aufpassen sollte. Ich darf mich nicht zu sehr anstrengen und keine zu hektischen Bewegungen machen, etwa Klopapier abreißen! Am Ende des Tages denke ich aber tatsächlich ernsthaft darüber nach, ob das Ganze nicht zu schnell läuft. Man würde am liebsten für ewig jung bleiben :D Doch das ist nicht der Plan des Universums!

Je älter du wirst, umso mehr Gedanken machst du dir über Sachen, die eigentlich total bescheuert sind. Trotzdem entsteht dieses unangenehm pochende Gefühl in deinem Kopf. Werde ich alt? Gehe ich den richtigen Weg? Will ich überhaupt, was ich zu wollen glaube? Was will ich denn wirklich? Wie lange habe ich noch zu leben? Warum stelle ich mir so viele Fragen, die ich nicht beantworten kann? Kann ich mich davon nicht irgendwie ablenken?

176

Ich hasse euch alle, weil ihr noch so jung seid und ich schon so alt und hässlich bin. Niemand will mit mir reden! Das ganze Leben ist sowieso scheiße! Wer so eingestellt ist, sollte sich nicht wundern. Es kommt nicht auf das Alter an, sondern darauf, wie man sich fühlt. Man muss sich immer gut fühlen, sich sogar dazu zwingen ... dann ist man glücklich.

Den psychischen Zustand der Unsicherheit im Lebensabschnitt von etwa 30 bis Anfang 50 Jahren (auch bekannt als Midlife-Crisis) wirst du vielleicht später noch erleben. Aber bei manchen fängt diese Phase auch schon mit 20 Jahren an. Und an dieser Stelle können wir dir nur einen Rat geben.

Hör nicht auf die nervige Stimme in deinem Kopf, denn damit verlierst du nur Zeit. Was bringt es, sich ständig den Kopf zu zerbrechen? Wir sind nicht dazu bestimmt, alles zu verstehen, sondern wir sollten das Leben am besten so nehmen, wie es gerade kommt. Außerdem läufst du Gefahr, in einer ernsthaften Depression zu versinken, wenn du zu viel über Sachen nachdenkst, die du sowieso nicht ändern kannst.

Lass das Leben einfach auf dich zukommen und liebe es, lebe es, nimm es, hab es, feier es, sei dir deiner Existenz bewusst. Das Leben ist ein wunderbares Geschenk, das du genießen solltest, solange es geht ;)

TIPPS GEGEN DAS ALTWERDEN:

- Geh mal ein bisschen raus aus deiner Höhle, du hast doch seit Monaten schon kein Sonnenlicht mehr gesehen! Draußen passiert das Leben und nicht in deinen vier Wänden. Der Mensch ist stinkend faul geworden: von zu Hause aus Klamotten bestellen, von zu Hause aus Essen und Filme bestellen. Warum überhaupt noch rausgehen? Am besten wäre es, wenn dich noch jemand unter den Achseln waschen würde, dann wäre dein Leben perfekt, nicht wahr? Geh raus in die Welt!

- Denke nicht daran, dass du älter wirst. Fühl dich immer jung. Menschen sind in der Lage, sich Sachen so krass einzureden, dass sie wirklich passieren. Kaum denkt man: »Oh Mann, ich glaube, ich werde krank!«, da wird man auch schon wirklich krank, obwohl man das mit Hilfe seiner inneren Energie auch locker hätte vermeiden können.

- Alt zu werden ist kein Grund für pubertierende Rumheulerei. Es ist nur der logische Ablauf der Dinge im Universum. Glaubst du wirklich, dass alles einfach so passiert, ohne Plan? Wenn wir existieren, dann muss es doch irgendeinen Masterplan für uns alle geben, sonst wären wir gar nicht da! Alt werden ist cool! Man erlebt ständig neue Sachen.

Wenn du das Gefühl hast, alt zu werden, dann fehlt dir möglicherweise ein bisschen Action in deinem stinklangweiligen Leben. Das haben wir zumindest bei uns festgestellt und uns dann vorgenommen, mehr Action zu schieben und literweise Adrenalin zu produzieren!

KAPITEL 34:
URLAUB!

Wir sind alle kultivierte Menschen, das behaupten wir zumindest gern. Aber wenn wir Urlaub im Ausland machen, dann verwandeln sich viele von uns seltsamerweise in vollkommen schweinische und hemmungslose Kreaturen, die sich ein oder zwei Wochen im Jahr wie die Könige vorkommen und sich alles erlauben. Es soll auch Leute geben, die in den Urlaub fahren, um dort mit ihrer Familie oder mit ihren Freunden Spaß zu haben, sich zu entspannen …

Wir haben letztes Jahr Urlaub auf Mallorca gemacht, weil wir das Video zu »Rock'n'Roll« an einem Urlaubsort drehen wollten. Zwei Tage vor dem Abflug haben wir Durchfall bekommen, aber wir dachten uns: »Komm, jetzt brechen wir das auch nicht ab, Durchfall ist schnell weg.« Falsch gedacht – Durchfall war nicht schnell weg, ganz im Gegenteil. Das Einzige, woran wir uns erinnern können, sind die Wände des Badezimmers, in dem wir zwischen den Aufnahmen unsere Zeit verbracht haben. Außerdem hat es die ganze Woche geregnet. Geiler Urlaub, Junge!

… Und dann kommen diese Wildgewordenen, kotzen den ganzen Strand voll und sind am nächsten Morgen auch noch stolz auf das, was am Abend alles passiert ist (eine Riesenschweinerei mit Saufen aus einem Eimer und dem Gegröle beschissener Lieder, von denen niemand wirklich den Text kannte, Hauptsache rumschreien!). Es werden gleich Pläne geschmiedet, was man am nächsten Abend denn so alles Perverses anstellen könnte.

Beim Essen im Hotelrestaurant werden Portionen auf den Teller geschaufelt, die für zehn Leute reichen würden. »Ja ja, all inclusive! Ich hab mir nicht umsonst das ganze Jahr den Arsch aufgerissen. Hier bin ich King und mache, was ich will. Mit dem Hotelpersonal gehe ich um, als wären es meine Sklaven, ist doch schließlich all inclusive!«

Und die ganzen notgeilen Typen versuchen irgendeine Frau abzuchecken, bei manchen funktioniert's, bei anderen weniger. Dann gehen die Leute raus in die Stadt und kaufen sich sinnlosen Kram für zu Hause oder als Geschenk für die Freunde. Aber wer will schon ein Holzkamel haben, nur weil es aus Ägypten ist? »Schenk mir lieber fünf Euro, damit kann ich mehr anfangen!«

Der hemmungslose Urlauber liegt den ganzen Tag am Strand rum und merkt nicht, dass er schon so rot ist wie der Arsch von einem Pavian. »Ach, da geht noch was, ich bin nicht umsonst im Urlaub, muss braun werden!« Manche Mädels ziehen ihr Oberteil aus, um die Vollkörper-Bräune zu bekommen, und merken dabei gar nicht, dass sie die ganze Zeit irgendein kranker Bastard anstarrt.

Menschen sind nun mal bescheuert. Jeder hat so seinen kleinen Fetisch: Die einen gehen einkaufen und prügeln sich um ein langweiliges T-Shirt, bloß weil es um fünf Prozent reduziert wurde. Die anderen gehen zum Angeln an einen See, in dem es gar keine Fische gibt, nur um stundenlang still herumzusitzen. Und wieder andere lassen – leider! – übertrieben die Sau raus, wann immer sie vor die Tür kommen: »Nee, zu Hause würde ich nicht auf die Straße pinkeln, aber hier bin ich im Urlaub!«

TIPPS FÜR URLAUBER:

- Verpass dein Hotel nicht und steig rechtzeitig aus dem Bus aus. Du wirst sonst womöglich irgendwo mitten in Ägypten in einem Dorf ausgesetzt und musst drei Stunden in einem kleinen Büro mit von Zigarettenrauch geschwärzten Wänden chillen, bis dich ein Taxi abholt und zwei Stunden lang unter Beschallung mit sehr monotoner Musik zurück ins Hotel fährt. Ja, uns ist das mal passiert, muhaha, sehr witzig … nicht!

- Wenn du dich von ein paar hübschen Promoter/innen zu der megakrassesten Party des Abends hast überreden lassen, dann nimm nicht zu viel Bargeld mit. Am nächsten Morgen wirst du nämlich feststellen, dass am Vorabend auf merkwürdige Weise dein ganzes Geld verschwunden ist. Frag uns nicht, ob uns das mal passiert ist …

- Schluck keine merkwürdigen Tabletten, die dir wildfremde Leute andrehen wollen, es sei denn, du willst den Film »Hangover« im echten Leben erleben. Nein, uns ist das nicht passiert … glauben wir zumindest … wobei wir uns nicht wirklich erinnern können … Aber warum denkst du eigentlich so schlecht von uns?

HERBERT SAGT:

Ich war mal mit meinem Bruder David im Urlaub. Er ist so dumm. Im Hotel waren so viele Sachen, die wir zu Hause gut hätten gebrauchen können, aber er hat alles aus meinem Rucksack wieder ausgepackt …
Mein Bruder ist so ein Spießer!

Die meisten Leute fliegen um die halbe Welt, um dann irgendwo in der Türkei oder auf irgendeiner exotischen Insel ihr Hotel nicht ein einziges Mal zu verlassen. Das verstehen wir nicht!

KAPITEL 35

EIGENE KINDER?

Herrlich! Was für ein schöner Gedanke. Die ersten Wörter wie Mama, Papa oder HALT'S MAUL. Die ersten Schritte, bis zur Geldbörse der Eltern, das erste Mal den Gummibär-Song hören, worauf noch 20984 Male folgen, was die Ursache schwerer Gehirnschäden bei Erwachsenen sein kann. Nein warte ... hast du da gerade einen bunten Kaugummi im Mund? Bist du wahnsinnig oder einfach ENTE?

Der Gedanke, ein Kind herzustellen, scheint oft simpel zu sein. Man sieht sich glücklich mit kleinen süßen Babys auf einem Berg und die Sonne strahlt euch goldig ins Gesicht und die dummen Tiere singen auch noch mit, wie in diesem kranken Disney-Horrorfilm »Bambi«. Was? Du kennst die unzensierte Fassung von »Bambi« nicht? Die ist nämlich genauso brutal wie »Kill Bill« Vol.1. Da läuft Bambi auf die Autobahn und schreit: »Yeahuu, ich bin zum zehnten Mal Vater geworden!« Diese Glühwürmchen auf der Autobahn waren eigentlich ... also es waren keine richtigen Glühwürmchen ... ist jetzt auch egal!

Sei einfach realistisch: Was musst du bei einem kleinen, süßen, gummibärsüchtigen Energiesauger beachten? Ein Baby braucht Liebe, ein Baby braucht gesunde Nahrung und ein Baby ist total hilflos. Bei solchen Entscheidungen sollte man ausreichend Geld verdienen, um für das Baby sorgen zu können und es mit allen notwendigen Dingen zu versorgen. Mach dir lieber keine Gedanken über ein eigenes Kind, wenn du selbst noch ein Kind bist und nicht in der Lage, für dich selbst zu sorgen.

Das ist die Verantwortung deines Lebens und richtige Entscheidungen zu treffen gehört einfach dazu. Lass dir Zeit und kümmer dich um deine Zukunft … HaHa kümmer dich um deine Zukunft … warte k k hihi, KÜMMER DICH UM DEINE ZUKUNFT? Ohne Scheiß, wenn unsere Eltern das jetzt lesen würden, dann würden die uns wahrscheinlich auslachen.

Kinder sind das größte Geschenk des Lebens nach dem Leben selbst. Kinder machen alle in ihrer Umgebung glücklich, weil sie mit so viel positiver Energie geladen sind. Sie sind wie Magnete, die alles um sich herum an sich ziehen und es mit Glück bestrahlen. Das ist faszinierend!

Ein Kind zu machen ist echt nicht schwer. Manchmal merkt man gar nicht, wie schnell das wirklich gehen kann. Es gehört aber wirklich mehr dazu als nur Sex, ZACK und fertig gebacken, jetzt kann man in Ruhe weiterschlafen. Ne, ne, geht nicht!

Kinder zu haben ist eine wundervolle Erfahrung, eigentlich kann man so was nicht in Worte fassen. Ja, du hast recht! Man kann sich nicht auf alles vorbereiten, denn das Leben unterhält uns genug und bringt täglich irgendwelche Geschenke und Überraschungen vorbei. Doch sei nicht zu eilig! Lass dir doch lieber ein bisschen Zeit für den richtigen Partner/Partnerin oder deine Karriere/Job und richtige Freunde, die dein Leben mit Glück bereichern.

Das hört sich zwar alles so an, als wäre das Leben einfach wie das erste Level von Super Mario, und es ist uns natürlich bewusst, dass nicht immer alles im Leben so läuft, wie man es gern hätte, aber bevor du so einen wichtigen Schritt nach vorne machst … Einfach ein Tipp von uns … Überleg es dir genau und hör dabei auf dein Herz! Es ist nur Folgendes wichtig: Willst du es von ganzem Herzen? Oder nur, weil all deine Freunde auch schon Kinder haben und du kein Außenseiter sein willst. Es ist aber in diesem Fall besser, ein Außenseiter zu sein, anstatt ein Kind ohne Liebe aufzuziehen!

Ich werde das Gefühl nicht los, dass auf mich 2 Probleme zukommen:
1. Wie komme ich ins Kino, ohne als stinkendes Schwein aufzufallen?
2. Jetzt fällt's mir wieder ein – ich habe doch keine Finger. Popcorn :(

TIPPS ZUM ÜBERLEGEN:

- Leg dir erst ein Kind zu, wenn du einen guten Namen ausgesucht hast. Gib deinem Kind bitte keinen bescheuerten Namen aus irgendeinem Lieblingsfilm oder nur, weil dir ein Musiker gefällt. Der Vorname muss auch irgendwie zum Nachnamen passen, und da sind wir schon wieder bei unserem Problem mit Rihanna Müller. Das muss traurig sein.

- Kind machen ist nicht schwer, aber Kind machen, während man selbst Kind ist, ist dumm. Die Moral kannst du dir hier selbst mal rausfischen. Aber ab und zu mal den Kopf einzuschalten, schadet echt keinem.

- Kinder sind kein Spielzeug, welches man auf Partys mitnimmt, um damit anzugeben. Kinder brauchen viel Liebe und Verständnis. Erst wenn du dazu bereit bist, bist du bereit für ein Kind!

HERBERT SAGT:

Ich mag Kinder, weil sie immer lachen, wenn ich rede. Und dann spucken sie auf mich und schreien: »Herbert ist dumm!« Die sind so witzig! Ghi … Ghi … Ghi … Aber wenn ich so darüber nachdenke … Kann das sein, dass sie mich auslachen? Das hört sich scheiße an!

KAPITEL 36:
YOUTUBE

Es gibt wahrscheinlich keine Person auf der Welt, die YouTube nicht kennt. YouTube ist eine Video-Community, die dem Nutzer die Möglichkeit bietet, Videos zu veröffentlichen, sie zu kommentieren, zu bewerten, bla bla bla! Doch YouTube ist einfach so viel mehr als nur eine Community. YouTube ist für viele inzwischen zum Fernsehen der Zukunft geworden. »Warum sollte ich mir im Fernsehen die ganze Sendung ansehen, wenn ich mir die besten Stellen auf YouTube anschauen kann?«

Unsere Zeit auf YouTube war von Anfang an sehr aufregend. Und egal, was uns alles unterstellt wird, wir hatten immer unseren Spaß, und das ist auch der einzige Grund, warum wir das schon so lange machen ...

Wir haben viele bescheuerte Videos gemacht, die uns nach einer Weile so peinlich waren, dass wir sie löschen mussten, damit wir wieder mit gutem Gewissen einschlafen konnten :D

Viele Jugendlichen beziehen die Informationen, die sie interessieren, nur noch aus dem Internet – und da spielt YouTube eben eine große Rolle. Als Video-Community hat YouTube viel Potenzial und wird sich sehr wahrscheinlich immer noch weiterentwickeln. Jungen Leuten, die sich in egal welcher Form für Videoproduktionen interessieren, können wir deshalb nur empfehlen, sich mit YouTube auseinanderzusetzen. Für ziemlich viele kreative Menschen war YouTube das Sprungbrett in ein völlig neues Leben. YouTube ermöglicht es einem Mensch, sein Talent der ganzen Welt zu zeigen, und das ohne großen Aufwand und ohne weitere Produktionskosten.

Als wir damals angefangen haben, Videos zu drehen, gab es noch gar kein YouTube. Wir haben die Filme auf eine CD gebrannt und wildfremden Menschen in den Briefkasten geschmissen. Das war crazy!

Als wir vor fünf Jahren mit unseren Videos angefangen haben, hätten wir uns nie träumen lassen, dass wir die Sache irgendwann zu unserem Beruf machen könnten. Diese Entwicklung haben wir ausschließlich YouTube zu verdanken. Durch das Partnerprogramm von Google und YouTube hat jeder die Möglichkeit, sein Talent zu zeigen und es zu fördern. Man sagt uns oft nach, wir wären geldgeil und würden unsere Videos nur des Geldes wegen machen. Die Wahrheit ist jedoch, dass wir lange Videos produziert haben, ohne dafür auch nur einen Cent zu bekommen. Wir haben bei den Dreharbeiten auch gar nicht daran gedacht, dass wir irgendwann einmal Geld mit den Filmen verdienen könnten. Es gab eine Zeit, da hatten wir nicht viel zu essen, aber weil wir unsere Liebe und Überzeugung in die Arbeit gesteckt haben, sind wir schließlich auch belohnt worden.

Natürlich verdienen wir inzwischen Geld mit unseren Videos, wie die meisten anderen großen YouTuber auch. Aber warum wir dafür manchmal fast zu Verbrechern gemacht werden, das ist uns nicht ganz klar. Wir sind einfach ein paar junge Leute, die ihr Hobby zum Beruf gemacht haben, brav ihre Steuern zahlen (etwa die Hälfte von dem, was wir verdienen) und so den Staat unterstützen.

Die meisten YouTuber drehen ihre ersten Videos, um damit Geld zu verdienen. Ich glaube aber, dass an der ersten Stelle die Leidenschaft stehen muss, sonst kann ich mir nicht vorstellen, dass der Plan funktioniert.

Anstatt das zu erwähnen, sagt man lieber »Ach, die sind Kommerz, die wollen nur Geld!«, dabei arbeiten wir für unser Geld. Auf solche Unterstellungen sagen wir nur immer wieder: »Hier, bewirb dich doch für das Partnerprogramm auf YouTube, zeig deine Kreativität.« Wir würden es jedem gönnen, der was draufhat, dass er mit seinem Hobby seinen Lebensunterhalt finanzieren kann. Was soll daran verkehrt sein? Nix verstehen diese!

YouTube ist faszinierend, da man nie weiß, wie die Zuschauer auf ein Video reagieren. Es ist außerdem unglaublich spannend, andere kreative Menschen zu sehen, die Millionen von Menschen begeistern. Wie schon an anderer Stelle gesagt: Wenn dir deine innere Stimme sagt: »Probier es aus!«, dann mach es einfach!

SO WIRST DU ERFOLGREICH AUF YOUTUBE:

- **Schritt 1:** Sei anders! Du musst dich von der Masse abheben und etwas bieten, das es bisher noch nicht gegeben hat. Du kannst nur durch deine Einzigartigkeit überzeugen!

- **Schritt 2:** Sei authentisch! Sei du selbst und versuche, dich nicht zu verstellen. Wenn du bestimmte Rollen spielst, musst du dich natürlich doch verstellen, aber wenn du normal redest, solltest du ganz natürlich bleiben.

- **Schritt 3:** Die Qualität der Videos ist nicht immer das Entscheidende, meist kommt es wirklich eher auf die Idee als auf die Umsetzung an.

- **Schritt 4:** Sei kreativ! Lass dir einfach verschiedene Dinge einfallen, probiere Unterschiedliches aus. Hab keine Angst davor, Grenzen zu durchbrechen oder neue Ebenen zu erreichen. Das gehört zu deiner Entwicklung!

- **Schritt 5:** Arbeite an dir und bleib auf dem Boden. Egal, was andere sagen, bleib dir selbst treu. Lass dich nicht durch dumme Kommentare unterkriegen, die von Menschen kommen, die dich gar nicht persönlich kennen.

HERBERT SAGT:

Ich habe auch Videos von mir auf YouTube, und alle lachen mit mir ... über mich ... mit mir ... über mich ... Seid mal ehrlich, lacht ihr mich aus? Das wäre nämlich nicht nett. Und wenn Herbert böse ist, verwandelt er sich in ein gefährliches Tier ... Hamster!

Auf YouTube findest du alles von A bis Z. Von Clowns über Heartbreak-Geschichten bis zu so verrückten Psychos und abgefuckten Gaga-Menschen wie uns (eigentlich sind wir eine kranke Mischung aus all diesen Typen) ... Wir sind dann mal los. Zum Arzt!

KAPITEL 37:
CYBER-MOBBING

Ein Leben ohne Internet könnte man sich inzwischen wirklich nicht mehr vorstellen. Im Grunde sind wir schon dermaßen verblödet, dass wir ohne Google Maps kaum noch aus dem eigenen Haus finden. Wie hilfreich das Internet aber auch immer sein mag, wie alles andere auf der Welt hat auch diese geniale Erfindung seine negativen Seiten.

Mit diesem Thema müssen wir uns immer wieder auseinandersetzen, wenn der Ton in den Kommentaren unter unseren Videos persönlich verletzend wird. In solchen Fällen deaktivieren wir die Kommentarfunktion, weil wir den Hass nicht auch noch unterstützen möchten.

Für viele Leute (vor allem junge Leute) ist das Internet zum wichtigsten Bestandteil ihres Lebens geworden. Ist auch kein Wunder, wenn in jedem Gerät, das man sich kauft, das Internet gleich mit drinsteckt. Es gibt Handys mit Internet, Musikplayer mit Internet, Fernseher mit Internet, bald gibt es bestimmt auch Spiegel mit Internet, die einem das Gesicht abscannen und passende Pflegeprodukte anbieten, die man online dann sofort bestellen kann. Die Welt ist verrückt, und wir merken gar nicht, wie abhängig wir von manchen Sachen sind.

Sobald sich jemand bei einem der sozialen Netzwerke angemeldet hat, geht er automatisch verschiedene Gefahren ein. Das größte Problem des Internets ist die fast grenzenlose Anonymität der Nutzer. In jedem dieser Netzwerke (ob das nun YouTube oder Facebook oder Twitter ist) gibt es die Möglichkeit, Inhalte zu posten. Dafür bekommt man dann oftmals das direkte Feedback von anderen Menschen. Und das Problem ist, dass viele beim Erstellen ihrer Kommentare gleich beleidigend werden.

Es gibt Tausende von Internet-Nutzern, deren Online-Aktivitäten nur darin bestehen, irgendwelche Blogger, Videoproduzenten oder ganz normale Leute auf Facebook fertigzumachen. Oftmals haben die Kommentare überhaupt keinen Bezug mehr zum eigentlichen Thema. Es ist reines »Haten« (»etwas stumpf hassen«), und dieses Haten ist leider auch ein Spiegel unserer Gesellschaft. Es gab schon einige Fälle, bei denen die Betroffenen im Internet so heftig gemobbt wurden, dass sie sich das Leben nahmen.

Unsere größte Bitte an jeden, den wir mit diesem Buch erreichen können, ist folgende: Geh respektvoll mit deinen Mitmenschen um. Das gilt sowohl für das reale Leben als auch für die Online-Welt. Hass ist ein Zeichen der Schwäche, und du willst doch kein Schwächling sein!

Egal, was uns im Leben Schlimmes passiert ist, wir haben immer versucht, ohne Hass damit umzugehen. Das mag für so einen kleinen hobbylosen Hater natürlich unglaubwürdig klingen, aber es funktioniert trotzdem. Dem Hater muss erst einmal klar werden, dass Hass nicht glücklich macht, vielleicht erkennt er dann, dass es allein von seinem faulen Arsch abhängt, wie er in der Gesellschaft wahrgenommen wird. Er allein ist für sein belangloses Leben verantwortlich, nicht der Rest der Welt. Wir sind alle Bestandteil von etwas Großem. Wir haben vielleicht unterschiedliche Interessen, aber wir sind nicht dazu da, uns zu hassen. Das ist ganz bestimmt nicht unsere große Bestimmung!

TIPPS ZUM ÜBERLEBEN IM INTERNET:

- Lass dich auf keine niveaulosen Diskussionen mit irgend-welchen Vollidioten ein. Du kannst es nicht jedem recht machen, deshalb verschwendest du am besten auch deine Zeit nicht damit, jemandem etwas zu beweisen. Ignoriere die Idioten einfach, was sollen sie dich schon jucken :D

- Auch wenn du vielleicht ein wenig an Aufmerksamkeitsde-fizit leidest, solltest du vielleicht nicht dein gesamtes Leben im Internet veröffentlichen. Es sei denn du möchtest, dass dein Gesicht irgendwann auf einem Werbeplakat für eine merkwürdige Suppe in China veröffentlicht wird ...

- Es gab schon Fälle, bei denen irgendwelche Schlauköpfe auf ihren Facebook-Profilen einen Geistesblitz gepostet haben wie etwa: »Mein Chef ist so dumm, ich mache heute blau, und er denkt, ich wäre krank!« Wir hoffen, du gehörst nicht zu der Spezies, die ihren Kopf nur benutzt, um ihn zwischen die Türen eines Aufzugs zu schieben. Für derartige Face-book-Dummheiten werden Leute ihr Leben lang bestraft.

- Bringe den anderen Nutzern der Community Respekt ent-gegen. Nur dann kannst du erwarten, dass man auch mit dir respektvoll umgeht.

HERBERT SAGT:

Wenn mich jemand in den Kommentaren stresst, dann sag ich ihm: »Ich hab dich lieb, du Mongo!« Aber das Wort Mongo ist nicht böse gemeint. Mongo hört sich an wie Mango, und Mango ist lecker. Aber der Typ checkt das natürlich nicht und rastet immer weiter aus! Ghi!

Jede Handlung (egal ob geistig oder körperlich) hat ihre Folgen. Alles kommt zurück. Wenn du andere Menschen unfair behandelst, wird dich dein Schicksal irgendwann dafür bestrafen. Ob du es glaubst oder nicht und ob du es willst oder nicht. Das nennt man Karma :)

KAPITEL 38:
YES YOU CAN!

Wir hoffen, dass wir dir nicht zu sehr auf den Sack gegangen sind mit unseren ganzen Tipps und dem ständigen »Du solltest dies nicht tun, du solltest lieber das hier tun.« Wir haben in diesem Buch lediglich aus unserer Perspektive über das Leben gesprochen. Wir wollten unsere Erfahrungen mit dir teilen und herausfinden, was das Leben eigentlich ist und wie man auf diesem Planet am besten überleben kann.

Wenn ich in meinem Leben etwas verstanden habe, dann dass meine Mitmenschen das Wichtigste sind, und zwar die richtigen Menschen, die mich unterstützen, verstehen und lieben. Solange man von falschen Menschen Abstand hält, kann einem nichts passieren.

Unser größter Wunsch war es, dich zum Nachdenken anzuregen. Wenn uns das gelungen wäre, dann könnten wir mit Stolz sagen: »Wir haben dieses Buch geschrieben und nächtelang nicht geschlafen, wir haben unser Herz hier reingesteckt und ehrlich über alles gesprochen, was uns beschäftigt. Aber es hat sich gelohnt!«

Du kannst natürlich für dich selbst entscheiden, welche Tipps für dich sinnvoll sind und welche nicht. Vielleicht kannst du das ein oder andere für dein eigenes Leben gebrauchen. Wir glauben, dass wir unserer Aufgabe erst dann gerecht geworden sind, wenn du nach dem Lesen folgenden Gedanken hast: »Moment mal, jetzt sehe ich die Dinge plötzlich anders … Die Antworten auf all diese komischen Fragen stecken eigentlich in mir selbst! Ich muss nur dem Weg meiner inneren Stimme folgen und nach dem Glück suchen!« Natürlich muss es nicht wörtlich so klingen, aber wenn du etwas in dieser Richtung sagst, dann wären wir sehr stolz auf uns und selbstverständlich auch auf dich :D

In unseren Augen ist das »Überleben« nicht bloß eine Sache der Existenz, es geht nicht bloß darum, den Körper am Leben zu halten. Im Titel des Buches meinten wir vielmehr das geistige »Überleben«, das sich dadurch auszeichnet, dass man neue Sachen erfährt und sich weiterentwickelt. Man sollte versuchen, Antworten auf die Fragen zu finden, die einem sowieso durch den Kopf gehen – und das meist nicht ohne Grund.

Wenn du den Sinn des Buchs verstanden hast, bist du all jenen einen Schritt voraus, die immer noch nicht verstehen können, warum sie sich nicht wohlfühlen und noch immer mit ihrem Leben unzufrieden sind. »Überleben unter Opfern« schien uns deshalb der perfekte Titel für unser Buch zu sein. Mit dem Wort »Opfer« meinen wir dabei nicht dieses moderne, beleidigende »Opfa, ey!«, sondern Menschen, die tatsächlich unglücklich sind und darunter leiden, dass niemand in ihrem Umfeld ihnen helfen kann.

Wir halten uns selbst für glückliche Menschen, weil wir alles schätzen, was in unserem Leben passiert. Und nur aus diesem Grund wollten wir unsere Gedanken mit dir teilen, damit du vielleicht auch die Welt mit etwas anderen Augen siehst und dich glücklicher fühlst. Klingt sehr kitschig und klischeehaft, aber sobald man weiß, wie es gemeint ist, weiß man auch, wie die Sache mit dem Glück sich anfühlt. Sinnlosester Satz des Buches zum Abschluss … Warum nicht?

DU BRAUCHST KEINE TIPPS:

- Wenn du beim Lesen gut aufgepasst hast, dann weißt du genau, dass du eigentlich keine Tipps von uns brauchst. Wir waren nur der Zünder, und du bist die volle Ladung Energie. Vielleicht hast du ja beim Lesen die Dinge schätzen gelernt, die du schon hast, auch wenn es nicht viel ist.

- Du brauchst keinen Ratgeber, wenn du in der Lage bist, deinen Verstand zu benutzen. Niemand kann dir ein besserer Lehrer sein als du selbst. Du lebst dein Leben schließlich für dich, und deswegen musst du auch deine eigenen Entscheidungen treffen, damit du einzigartig bleibst!

- Ein letzter Tipp: Kauf dir nie ein Buch, dessen Autoren zwei Russen sind, die versuchen, eine Möchtegern-Aufbautherapie mit dir durchzuführen. Nur du bestimmst, wie du dein Leben meisterst, nicht der Weihnachtsmann und nicht der Gummibär!

KURZES TUTORIAL ZUM ZEICHNEN:

So kannst du auf die Schnelle meine Deutschlehrerin zeichnen, die ich schon mindestens 1387 Mal zu Papier gebracht habe (natürlich weil ich sie so gern hatte *hust*). Jetzt stellt sich die Frage: Warum solltest du meine alte Lehrerin zeichnen wollen … Keine Hobbys vielleicht? :D

KAPITEL 39:
RÜCKBLICK

Rückblickend können wir sagen, dass wir uns nicht darüber beschweren können, wie unser Leben verlaufen ist. Wir haben keine reichen Eltern und es gab auch schwere Zeiten auf unserem Weg, in denen wir auch mal nichts zu essen hatten oder die Klamotten der älteren Schwester tragen mussten, weil das Geld gerade etwas knapp war. Aber wir waren immer glücklich und dankbar dafür, dass wir diese Sachen haben dürfen. Wir haben uns als Kinder riesig über Süßigkeiten gefreut, oder wenn wir Geschenke bekommen haben. Wir waren so übertrieben glücklich, dass es auch unsere Eltern gestärkt hat.

Die Jungs machen oft Spaß und sagen, ich hätte kein Herz, und ich bin so schlau und mache noch mit und sage: »Ja ja, ich hab da einen Kühlschrank drin!« Aber in Wirklichkeit habe auch ich Herz :D Und ich bin dankbar für meine Mitmenschen und zwar für jeden einzelnen! Und ich bin dankbar dafür, dass ich mich so glücklich schätzen darf und das alles so ist, wie es ist!

Wir sind dankbar für die Erziehung, die unsere Eltern gemeistert haben, und dafür, dass sie uns unterstützt haben, als wir uns spontan entschieden haben, von zu Hause auszuziehen. »Wir gehen nach Stuttgart, wir wollen selbstständig werden und unser Hobby ausleben!« Sie haben uns vertraut, und heute sind wir dankbar, dass sie an uns geglaubt haben und dass wir es sogar geschafft haben, unser Hobby zum Beruf zu machen. Wir hatten keine krassen Schicksalsschläge, wofür wir unglaublich dankbar sind, und du könntest an dieser Stelle sagen: »Jungs, ihr hattet ein viel zu schönes Leben, ihr habt keine Scheiße erlebt!«

Ich will nicht nochmal das sagen, was Dima schon gesagt hat, obwohl ich das Gesagte 100%ig unterstütze. Ich bin dann außerdem für all die Kunst auf der Welt dankbar, egal in welcher Form: Musik, Film, Animation, Malerei, Bildhauerei, Videogames, Bücher oder andere abgefahrene Sachen! Ach ja und ich bin auch dankbar für meinen Bruder, obwohl er so ein herzloses Arschloch ist :D Sorry, aber der musste jetzt sein! Nein, nein, du bist schon ganz O.K. ... Du Zwerg!

Wir haben Menschen kennengelernt, die mit einer körperlichen Behinderung glücklicher sind als andere, die komplett gesund sind und alles haben, was sie nur haben können, und trotzdem unglücklich sind. Auch Menschen, die ihre Freunde oder jemanden aus ihrer Familie verloren haben. Die meisten von ihnen erzählen davon, dass sie das Gleichgewicht im Universum spüren und davon überzeugt sind, dass wenn man etwas verliert und dafür auf der anderen Seite etwas bekommt.

Wenn man jemandem ein Geschenk macht und er freut sich darüber, dann schenkt man ihm lieber etwas nochmal als demjenigen, der das Geschenk fast ignoriert hat. Und viele schlaue Köpfe der Erde sind der Meinung, dass alles im Universum nach dem gleichen Prinzip funktioniert: Wenn du für die Erfahrung, die du machen durftest, dankbar bist, dann darfst du immer schönere Erfahrungen machen!

Die meisten Figuren aus unseren Videos entstehen durch die realen Mitmenschen aus unserem Leben, weil wirklich jeder von uns irgendeine Macke hat, die man mit ein wenig Fantasie und Übertreibung lustig darstellen kann.

Und wenn wir uns wie ein paar Möchtegernphilosophen anhören oder wie verrückte Romantiker – das ist unser voller Ernst und das ist wahrscheinlich auch das, was uns am Leben hält, abgesehen vom Lachen :D Wir lachen manchmal so viel, dass uns die Bauchmuskeln wehtun. Vielleicht ist das auch der

Grund, warum wir einfach nicht zunehmen können, obwohl wir schon so viel fettiges Zeug verdrückt haben.

Ey, wir müssen jetzt nicht beleidigend werden, ich sehe doch nicht wirklich aus wie ein Zwerg, oder? Hast du schon mal einen Zwerg gesehen? Ich bin mir sicher, dass sie ganz anders aussehen. Sie haben bestimmt spitze Ohren und einen Bart, ich hab nicht mal einen Bartansatz!

Wir danken für alle Erfahrungen, für die schlechten und für die guten, wir danken unseren Familien für die unendliche Liebe und Unterstützung (das hat uns immer gestärkt), wir danken unseren Freunden dafür, dass sie immer für uns da sind, wir danken dir (ob du einer unserer Zuschauer bist oder ein Leser oder einfach ein Mitmensch). Wir bedanken uns für die Aufmerksamkeit, die du unserem Buch entgegengebracht hast, und danken allem, was in der Zukunft noch auf uns zukommt! So, für so viel Dankbarkeit müssten wir jetzt eine Riesensumme vom Universum bekommen. Gleich mal auf das Konto gucken …

HERBERT SAGT:

Wie das Buch ist zu Ende? Wer hat gesagt, dass ich es erlaubt habe … Das war das erste Buch, welches ich … in welchem ich alle Bilder angeschaut habe. Jetzt will ich mehr! Ey du, unsichtbare Hand! Mach noch ein Bild … Mach! Mach! …… Mach! Ey?

Ne, so funktioniert es leider nicht ... Ein Versuch war's wert! Und was ist mit dir? Bist du auch dankbar? Oder bist du eher für: »Ich scheiß auf euch, ihr geht mir mit eurer Dankbarkeit auf den Sack!« Lass es uns wissen. Egal in welcher Form ...

Bis jetzt hast du über alle Witze gelacht, bei denen es um dein schreckliches Erscheinungsbild geht, und jetzt biste eingeschnappt? Come On Bro! :D Nein ernsthaft, das war nett mit dir, aber ich kündige jetzt mein Abo und entferne dich aus meinem Leben mit der Taste DEL! Achso, vergessen – du bist mein Bruder! Aber ich hatte schon mal den Verdacht, dass du ein Alien bist, weil du so kleine Wurstfinger hast ... Aber egal! Bist mein Bruder! :D

Weißt du, was noch geiler wäre? Mach am besten ein Video und schick es uns auf YouTube. Ein Video mit dem Titel »Ich bin dankbar« (An DieAussenseiter) Vielleicht können wir ja daraus so einen schönen Zusammenschnitt machen und Leute da draußen motivieren. Was denkst du? Hast du Bock oder Ziege?

TIPPS AN UNS SELBST:

- Jungs, hört auf, einen auf Pro zu machen. Ihr habt selbst noch euer ganzes Leben vor euch und habt das ganze System nicht mal zu 3 % begriffen. Ihr habt noch einen langen Weg vor euch!

- Ja Jungs, es ist eine Lüge zu sagen »Serien machen nicht süchtig«, sonst hättet ihr euch nie im Leben alle Folgen von »Two And A Half Men«, »How I Met Your Mother« und »The Big Bang Theory« an einem Abend reingezogen, was biologisch, astronomisch und physisch, in welchem Zusammenhang auch immer, gar nicht möglich ist.

Ach ja Jungs, hört auf, so dämliche Grimassen zu ziehen. Die Anzahl der Leute, die euch deswegen gern eine aufs Maul verteilen würden, wird von Tag zu Tag größer und umso mehr die Gefahr für euch! :D Ihr seid solche Vögel, dass man sich bei eurem Anblick fremdschämen muss ... Warum machen wir uns selbst eigentlich so fertig? Weil es Spaß macht!

- Ihr labert Leute voll und sagt »Geht mal aus dem Haus, macht was!« und selbst gammelt ihr den ganzen Tag nur rum! Euer Vorsatz für dieses Jahr: »Mehr rausgehen! Mehr erleben! Mehr Menschen kennenlernen!«

- Macht mal wieder etwas Neues ... Eure Videos sind scheiße geworden. Wie könnt ihr nur damit leben?

- Und hört auf, euch wie pubertierende Clowns anzuziehen. Ihr seid verdammt nochmal schon 25, zieht euch mal menschlich an! Dann müsst ihr euch vielleicht auch nicht mehr fragen, warum man euch immer noch nicht ernst nimmt :D

- Hört auf, Minecraft zu zocken, das macht in eurer Birne ein bisschen Bala Bala. Irgendwann lasst ihr euch noch Bildschirme an die Augen schrauben!

KAPITEL 40:
WIR MACHEN SCHLUSS

Wir bedanken uns für die Geduld und das Verständnis, das du unserem Buch entgegengebracht hast. Möglicherweise hast du ein witzigeres Buch erwartet, doch unsere Absicht war nicht, das witzigste Buch der Welt zu schreiben (wozu wir auch nicht in der Lage gewesen wären, weil wir einfach nicht die witzigsten Personen im Universum sind), sondern eben einen Ratgeber.

Das Leben kann sehr vielfältig sein. Es kann sowohl Glücksgefühle als auch Schmerz und Enttäuschungen mit sich bringen. Doch solange du darauf vorbereitet bist und dich nicht kaputtmachen lässt, ist alles gut. Wir können nun beruhigt schlafen und müssen uns keine Sorgen mehr um dich machen!

Auch wenn uns dieses Buch viel Arbeit gekostet und viele schlaflose Nächte beschert hat, war das Schreiben ein Riesenspaß und eine neue Erfahrung, über die wir sehr glücklich sind.

Nun können wir uns bei unseren ehemaligen Deutschlehrern beschweren, die uns gesagt haben: »Ihr werdet es zu nichts bringen in eurem Leben!« Natürlich haben wir kein Meisterwerk und keinen Bestseller abgeliefert, aber das spielt auch keine Rolle. Das Buch ist zu 100 Prozent von uns beiden, und das ist das Einzige, was uns dabei wichtig war.

Wir wünschen dir noch viel Erfolg, Glück und Liebe auf deinem Weg und vor allem den Glauben an dich selbst und die Welt. Sei lieber positiv statt negativ, so wie wir es gemacht haben, und du wirst sehen, dass du dafür belohnt wirst. Oder scheiß einfach auf alles, was wir bisher gesagt haben – denn warum solltest du auch zwei unterbelichteten Russen irgendwas glauben?!?! Mache deine eigenen Erfahrungen. Vielleicht schreibst du auch irgendwann ein Buch, und wir lernen dann von dir!

Hau rein!

Der Kult aus Facebook nun als Buch

 Mit zugehaltener Nase kann man nicht summen.

 Kellnerinnen erhalten in der Woche, in der sie ihren Eisprung haben, mehr Trinkgeld als sonst.

 Ameisen fallen immer nach rechts um, wenn sie vergiftet werden.

208 Seiten
Preis: 8,99 Ð (D) | 9,30 Ð (A) |
SFr 13,50
ISBN 978-3-86883-201-3

Nutella hat Lichtschutzfaktor 9,7
Die volle Dosis unnützes Wissen

Diese und über 2000 weitere unglaubliche, spannende und skurrile Fakten aus allen Bereichen des Lebensbeinhaltet dieses Buch. Zusammengestellt wurden sie auf der großen Facebook-Seite »Unnützes Wissen«, die täglich Tausende Fans begeistert.

riva

Die besten Chancen, einen Webfail zu landen, haben all jene, die ...

... Freunde haben, die sie bloßstellen.

... ihre Eltern, Lehrer oder Vorgesetzten bei Facebook als Freunde hinzufügen.

... ihre Beziehungsangelegenheiten bei Facebook verbreiten.

208 Seiten
Preis: 8,99 Ð (D) | 9,30 Ð (A) | SFr 13,50
ISBN 978-3-86883-201-3

Marjanovic | Iber

Geaddet, Gepostet, Webfail

Die peinlichsten und lustigsten Facebook-Einträge

Die Internetseite Webfail.at sowie die dazugehörige Facebook-Seite »Die peinlichsten und lustigsten FB Status Einträge & Fotos« sammeln witzige und peinliche Webfails und bringen damit Millionen Anhänger zum Lachen und Schmunzeln. Die 500 besten Fails – darunter viele unveröffentlichte – sind in diesem einzigartigen Buch versammelt.

Das Original!
Barneys Regelwerk für echte Kerle

208 Seiten
Preis: 9,95 Đ (D) | 10,30 Đ (A) |
SFr 17,90
ISBN 978-3-86883-091-0

Barney Stinson mit

Matt Kuhn

DER BRO CODE
Das Buch zur TV-Serie
»how i met your mother«

Jeder von uns hat einen inneren Verhaltenskodex. Manche nennen ihn Moral, andere Religion. Wir echten Kerle und unsere Brothers – kurz: alle Bros – nennen unseren heiligen Gral den Bro Code. Dieses Wissen ist über Jahrhunderte hinweg nur mündlich von Generation zu Generation weitergegeben worden. In diesem Buch erscheint der offizielle Verhaltenskodex für alle Bros erstmals in Schriftform. Nur wer sich an die Vorgaben und Regeln dieses altehrwürdigen Gesetzwerks hält, kann es zum perfekten Bro schaffen.

Der Bro ist zurück!
75 perfekte Maschen vom Kultaufreißer

176 Seiten
Preis: 9,95 Ð (D) | 10,30 Ð (A) |
SFr 17,90
ISBN 978-3-86883-123-8

Barney Stinson mit

Matt Kuhn

DAS PLAYBOOK
Spielend leicht Mädels klar machen

Seit Anbeginn der Menschheit suchen Männer fieberhaft nach einer Antwort auf die drängende Frage »Warum bin ich hier ... und nicht im Bett einer heißen Braut?« Die Suche hat endlich ein Ende! Mithilfe des Playbook wird es jedem Kerl gelingen, auf schöne Frauen zuzugehen, ihre wahren Wünsche zu entdecken und diese zu nutzen, um die Mädels herumzukriegen.

Die 75 sturmerprobten Verführungstechniken des Aufreißer-Gurus Barney Stinson verwandeln jedes noch so schüchterne Knäblein in Nullkommanichts in einen Don Juan.

Der Atzen-Kodex
Die ungeschriebenen Atzenregeln

208 Seiten
Preis: 9,99 Ð (D) | 10,30 Ð (A) |
SFr 14,90
ISBN 978-3-86883-135-1

Der Atzen Kodex

Die ungeschriebenen
Atzenregeln

Die Atzen sind cool. Die Atzen sind Kult. Die Atzen bringen das Lebensgefühl einer ganzen Generation auf den Punkt. Echte Atzen haben ein ungeschriebenes Gesetzbuch, nach dem sie sich kleiden, nach dem sie sprechen und leben – den Atzen-Kodex. Zum ersten Mal in der Geschichte der Menschheit wurde der Atzen-Kodex niedergeschrieben und kann nun den ihm gebührenden Platz auf dem Altar der Atzen-Verehrung einnehmen. Kein Atze wird jemals mehr ohne seine Bibel sein – kein Atze wird künftig auf sich alleine gestellt sein. Die Welt wird bunter werden durch all die vielen jungen Menschen, die den Atzen-Kodex in den Gesäßtaschen ihrer Jeans tragen werden. Atzen-Kodex – die Welt wartet auf dich, die Welt freut sich auf dich!

Achtung!
Nichts für schwache Nerven!
Schrecklich, aber wahr!

»In fast jedem Wein befinden sich Reste von Nagern und Insekten.«

»Jede fünfte Kaffeetasse in Büros ist mit Fäkalbakterien verseucht.«

208 Seiten
Preis: 9,99 Ð (D) | 10,30 Ð (A) |
SFr 14,90
ISBN 978-3-86883-179-5

Doris Preißler
**Schreckliches
Wissen**
665 Fakten,
die Sie lieber nicht ge-
wusst hätten

Dieses Buch ist informativ, unterhaltsam und gruselig, und es wird Ihnen zahlreiche »Oh mein Gott!«-Momente bescheren. Leider wird das Schreckliche Wissen dazu führen, dass Sie bestimmte Dinge nicht mehr sehen können, ohne dass Ihnen ein kalter Schauer über den Rücken läuft.
Die gute Nachricht ist aber: Nach dieser Lektüre kann Sie nichts mehr erschüttern!